高等学校核心素养与创新实践丛书

微课
设计制作与应用

昂 娟／著

中国科学技术大学出版社

内 容 简 介

本书是安徽省高校优秀青年人才支持计划重点项目(gxyqZD2016575)和安徽省质量工程项目教学研究项目"高职SPOC混合式学习的实现路径与效果评价研究"(2019jyxm0557)的阶段性建设成果。本书从微课产生的背景出发,围绕微课的设计元素、微课类型、微课制作以及微课获奖作品分析等,向读者介绍了不同类型微课设计元素的处理、表现及制作技巧,对如何设计一节好微课做了详细阐述。

全书内容全面、结构清晰、案例新颖,适合教师、职业培训机构工作人员阅读、参考。

图书在版编目(CIP)数据

微课设计制作与应用/昂娟著.—合肥:中国科学技术大学出版社,2021.1
ISBN 978-7-312-04989-7

Ⅰ.微… Ⅱ.昂… Ⅲ.多媒体课件—制作—教学研究—高等职业教育 Ⅳ.G434

中国版本图书馆CIP数据核字(2020)第099314号

微课设计制作与应用
WEIKE SHEJI ZHIZUO YU YINGYONG

出版 中国科学技术大学出版社
　　　安徽省合肥市金寨路96号,230026
　　　http://press.ustc.edu.cn
　　　https://zgkxjsdxcbs.tmall.com
印刷 合肥市宏基印刷有限公司
发行 中国科学技术大学出版社
经销 全国新华书店
开本 787 mm×1092 mm　1/16
印张 9.25
字数 225千
版次 2021年1月第1版
印次 2021年1月第1次印刷
定价 35.00元

前　言

在数字化浪潮及云计算与移动互联技术迅速发展的背景下,微学习、微课等应运而生,为众多教育者、培训者所追捧。近年来,随着大规模开放的在线课程(Masswe Open Online Courses,MOOC)、小规模限制性在线课程(Small Private Online Course, SPOC)等在线开放课程的兴起,移动学习、翻转学习等混合学习模式正努力地改变着传统教学方式,且取得了良好的教学效果,它们无一例外地都用到了"微课"。微课既适合移动学习时代知识的快速传播,也能满足学习者个性化、深度学习的需求。

2020年,受席卷全球的新型冠状病毒肺炎疫情影响,在教育部"停课不停学"的号召下,国内各类学校纷纷组织师资,开展线上教学。微课作为线上教学的一种重要课程载体,有效地保障了时空分离状态下教与学的顺利进行。线上教学并非新事物,微课也非新名词,这次突如其来的大规模线上教学是对我国信息化教育的一次大考验。面对这场考验,如何高效地采集微课素材,如何快速地制作实用、好用、规范、美观的微课,已成为广大一线教师必备的一项基本技能。为此,作者结合多年的一线教学经验和竞赛指导经验,撰写了本书,希望本书的出版能帮助一线教师掌握简单易行的微课制作技术,也期待本书能成为一线教师进行在线开放课程建设、信息化教学改革的参考资料。

本书共有六章:第一章阐释了微课的定义、源起、理论基础及微课特点;第二章从教学方法、教学环节和制作形式三个方面介绍微课的常见类型,基于"ADDIE"教学系统设计模型及国内典型的微课设计模型,介绍了"五步"微课设计模型及微课脚本设计模板;第三章介绍了文本、图片、音频、视频和动画等微课素材的获取与处理方法;第四章以最常见的计算机录屏式微课为例,阐述了PowerPoint(PPT)和Camtasia Studio(CS)等微课制作工具的使用方法;第五章介绍在线开放课程教学、混合式教学等主流微课应用形式及微课评价标准；第六章以作者指导的学生的微课获奖作品为例，介绍了几种常见形式的微课作品设计思路。

本书是安徽省高校优秀青年人才支持计划重点项目（gxyqZD2016575）和安徽省质量工程项目教学研究项目"高职 SPOC 混合式学习的实现路径与效果评价研究"（2019jyxm0557）的阶段性建设成果。

本书在微课获奖案例的甄选中得到了俞欣和周凌燕老师的大力帮助，在此深表谢意。同时，也感谢马鞍山师范高等专科学校数字媒体应用技术专业的陈丽、杨代兄、汪敏、藏娇娇、方敏慧等同学，他们制作和优化的微课作品，为本书提供了丰富的案例资源。

书中涉及的微课获奖案例资料，可联系 13276530@qq.com 邮箱索取。由于时间有限，书中难免存在疏漏之处，恳请各位专家和读者批评、指正。

昂　娟

2020 年 5 月

目　录

前言 ……………………………………………………………………………（ⅰ）

第一章　微课概述 ……………………………………………………………（001）

　　第一节　微课的内涵 ……………………………………………………（001）
　　第二节　微课的源起 ……………………………………………………（002）
　　第三节　微课的理论基础 ………………………………………………（006）
　　第四节　微课特点 ………………………………………………………（008）

第二章　微课设计 ……………………………………………………………（010）

　　第一节　微课类型 ………………………………………………………（010）
　　第二节　微课设计基础 …………………………………………………（013）
　　第三节　微课设计脚本模板 ……………………………………………（022）

第三章　微课素材的获取 ……………………………………………………（025）

　　第一节　文本素材 ………………………………………………………（025）
　　第二节　图片素材 ………………………………………………………（028）
　　第三节　音频素材 ………………………………………………………（031）
　　第四节　视频素材 ………………………………………………………（039）
　　第五节　动画素材 ………………………………………………………（045）

第四章　微课制作技术 ………………………………………………………（048）

　　第一节　微课件制作工具——PowerPoint ……………………………（048）
　　第二节　视频制作工具——Camtasia Studio …………………………（082）

第五章　微课的应用与评价 ··(108)

　　第一节　微课的应用 ··(108)
　　第二节　微课评价 ···(114)

第六章　微课获奖案例分析 ···(119)

　　第一节　拍摄型微课案例分析 ··(119)
　　第二节　录屏型微课案例分析 ··(127)
　　第三节　动画型微课案例分析 ··(132)
　　第四节　交互型微课案例分析 ··(136)

参考文献 ··(141)

第一章 微课概述

近年来,微课在教育领域日渐兴起,成为教育改革的新宠,出现"全民做微课"的现象。什么样的微课才算是成功的微课?这是制作者最关心的问题。在这一热潮中,厘清微课的概念、背景、理论基础和特点,无疑是设计好微课的必备前提。

第一节 微课的内涵

在我国,"微课"的概念由胡铁生于2011年率先提出。有关"微课"的概念,不同的学者给出了不同定义,通常包括如下术语:"微视频"(Micro-video)、"微讲座"(Micro-lecture)、"微课堂"(Micro-lesson)和"微课程"(Micro-course/Mini-course)。如表1.1所示,根据侧重点不同,关于微课的内涵主要存在三种观点:教学资源、教学活动和教学课程。

表1.1 国内部分学者对微课定义的比较

研究者	定义	分类
胡铁生(2011)	微课是按照新课程标准及教学实践要求,以教学视频为主要载体,教师针对某个知识点或教学环节在课堂教学中开展教学活动时,各种教学资源的有机组合	教学资源
郑小军(2014)	微课是一种能够支持多种学习方式,如翻转学习、混合学习、移动学习、碎片化学习等,以微视频为主要载体,针对某个知识点或教学环节而开发的数字化学习资源包	教学资源
焦建利(2013)	微课是以短小精悍的在线视频为表现形式,以阐释某一知识点为目标,以学习或教学应用为目的的在线教学视频	教学资源
孟祥增(2014)	微课是以短小精悍的微视频为主要载体,并辅以相关的教学设计、课件、练习、学习指导等材料支持,针对某个知识点或教学环节而开展的教学活动	教学活动
张一春(2015)	微课是指为使学习者自主学习获得最佳效果,经过精心的信息化教学设计,以流媒体形式展示的围绕某个知识点或教学环节开展的简短、完整的教学活动	教学活动

续表

研究者	定义	分类
黎加厚（2013）	微课指有明确的教学目标，内容短小，在10分钟内能够集中说明一个问题的小课程	教学课程
余胜泉（2014）	微课是在微型资源的基础上附加教学服务的小型化课程，具有完整的教学结构，包括微型资源、学习活动及其安排、学习效果评价、课程学习认证与教育服务功能等	教学课程

虽然学者们对微课定义的表述不尽相同，但在本质上有着共同点，即以微视频为载体、目标指向明确、内容短小精悍。本书基于焦建利的观点，认为微课是一种微型在线教学视频。

第二节 微课的源起

一、微课在国外的源起

微课起源于美国，美国艾奥瓦州立大学附属学校于1960年首次提出"微课程"（Minicourse）的概念。1993年，美国北爱荷华大学化学教授LeRoy A. McGrew提出"60秒有机化学课程"，目的是让非科学专业人士在非正式场合也能了解化学知识。1995年，英国纳皮尔大学Terence Keel教授提出"一分钟演讲"（One Minute Lecture，OML），以此来训练学生掌握核心概念的能力。2004年，萨尔曼·可汗（Salman Khan）为了给亲戚辅导数学，将辅导内容分段录制成10分钟以内的教学视频，并放到YouTube网站上。视频在网上迅速得到热捧，拥有了数十万观众。从此，微课一发而不可收。

"微课"的概念于2008年被正式提出，美国圣胡安学院的大卫·彭罗斯（David Penrose）指出："微课是基于某个特定的主题，以建构主义思想为指导，以声音或视频录像的方式展现出来的60秒课程。"至此，微课正式进入历史舞台。

二、微课在国内的源起

相比较而言，国内对微课的研究起步较晚，广东省佛山的胡铁生老师被认为是国内微课研究的第一人。他曾三次提出具有代表性的微课概念：

（1）微课是按照新课程标准及教学实践要求，以教学视频为主要载体，教师针对某个知识点或教学环节在课堂教学中开展教学活动的各种教学资源的有机组合（2011年）；

(2) 微课又名"微型课程",以微视频为核心,配套与教学相关的"微教案""微练习""微课件""微反思"及"微点评"等支持性和扩展性资源,从而形成一个资源动态生成与交互教学的应用环境(2012年);

(3) 微课以微型教学视频为主要载体,针对某个学科知识点或教学环节而设计开发的一种情景化、支持多种学习方式的新型在线网络视频课程(2013)。

上述概念,即教学资源说、教学活动说和教学课程说,反映了微课在国内发展的特点及轨迹。

(一)教学资源说

这一阶段注重将微课作为一种教学资源进行建设和利用,以教学视频为核心载体,将教学设计、教学课件、案例素材、习题测试等辅助性教学资源,共同组织成一个半结构化的主题性资源单元。这种组合并联式建设不仅使资源间的关联更紧密,还使资源利用率得到较大幅度提高。

然而,这种形式的微课较单一,缺乏课堂教学设计理念,忽视微课的应用效果。另外,微课的互动性、扩展性和发展性没得到较全面地运用,学习者的主体地位也未能很好地突出。

(二)教学活动说

从2012年起,随着MOOC、翻转课堂、移动学习、混合学习等新兴教学模式的兴起,微课学习作为重要的教学环节,被引入完整的教学过程或教学活动中。全国各地纷纷建设微课竞赛平台,举办微课制作大赛。如全国高校微课教学比赛(http://weike.enetedu.com/)、全国中小学优秀微课征集活动(http://dasai.cnweike.cn/)等,表1.2和表1.3分别列举了这两项比赛的评审规则。综观这些规则,微课不再被视为静态的资源,除包含微视频和相应的配套资源(如微教案、微习题、微课件等)外,还集成了教学组织、教学效果、教学评价等动态性的教学活动资源。

表1.2 全国高校微课教学比赛评审规则

指标	指标说明
作品规范(20分)	一、材料完整(10分) 包含微课视频,以及在微课录制过程中使用到的全部辅助扩展资料:教学方案设计、课件、习题、动画、视频、图片、答案、总结等,辅助扩展资料以单个文件夹形式上传 二、技术规范(10分) 1. 微课视频:时长5~10分钟为宜;视频图像清晰稳定、构图合理、声音清楚,主要教学环节有字幕提示等;视频片头应显示微课标题、作者、作者单位 2. 演示文稿:配合视频讲授使用的主要教学课件限定为PowerPoint(以下简称PPT)文件格式,需以单独文件形式提交;其他拓展资料需符合网站上传要求 3. 教学方案设计应注明讲课内容所属大类专业、专业、课程名称、知识点(技能点)名称及适用对象等信息

续表

指标	指标说明
教学安排(45分)	三、选题价值(10分) 　　选取教学环节中某一知识点、技能点、专题、实训活动作为选题,针对教学中的常见、典型、有代表性的问题或内容进行设计,类型包括但不限于讲授类、解题类、答疑类、实训实验类、活动类;选题尽量"小而精",具备独立性、完整性、示范性、代表性,能够有效解决教与学过程中的重点、难点问题;鼓励深入浅出、通俗易懂、短小精悍的作品 四、教学设计与组织(15分) 　　1. 教学方案:围绕选题设计,突出重点,注重实效;教学目的明确,教学思路清晰,注重学生全面发展 　　2. 教学内容:严谨充实,能理论联系实际,反映社会和专业发展,无科学性、政治性错误及不良信息内容 　　3. 教学组织与编排:要符合学生的认知规律;教学过程主线清晰、重点突出,逻辑性强,明了易懂;注重突出以学生为主体的教学理念,以及学做一体的有机结合 五、教学方法与手段(20分) 　　教学策略选择正确,注重调动学生的学习积极性和创造性思维能力;能根据教学需求选用灵活适当的教学方法;信息技术手段运用合理,正确选择、使用各种富媒体,教学辅助效果好 　　鼓励教师在授课过程中,将包括但不限于图片、动画、视频、HTML网页等多种媒体技术,恰到好处地运用在教学过程中,以实现较好的教学效果
教学效果(25分)	六、目标达成(10分) 　　完成设定的教学目标,有效解决实际教学问题,能促进学生知识运用及提高专业能力 七、教学特色(15分) 　　教学形式新颖,教学过程深入浅出,形象生动,趣味性和启发性强,教学氛围的营造有利于提升学生学习的积极性和主动性
网络评价(10分)	依据参赛微课作品发布后的受欢迎程度、点击率、投票率、用户评价、作者与用户互动情况、收藏次数、分享次数、讨论热度等进行综合评价

表1.3　全国中小学优秀微课征集活动评审标准

一级指标	二级指标	指标说明
教学选题(10分)	选题简明	利于教学,选题设计必须紧扣教学大纲,围绕某个知识点、教学环节、实验活动等展开,选题简洁,目标明确
	选题典型	解疑定位精准,有个性和特色,应围绕日常教学或学习中的常见、典型、有代表性的问题或内容进行设计,能够有效解决教与学过程中的重点、难点、疑点等问题

续表

一级指标	二级指标	指标说明
教学内容（30分）	科学正确	概念描述科学严谨,文字、符号、单位和公式等符合国家标准,符合出版规范;作品无著作权侵权行为,无敏感性内容导向
	结构完整	提交的作品必须是微课视频,还可以提供与选题相关的辅助扩展资料(可选):微教案、微习题、微课件、微反思等,便于评审; 微教案的设计要素齐全,内容要精确,注重实效; 微习题要有针对性与层次性,主观、客观习题的设计难度等级要合理; 微课件的设计要形象直观、层次分明、重点和难点突出,力求简单明了; 微反思应该真实细致,落到实处,拒绝宽泛、套话
	逻辑清晰	教学内容的组织与编排要符合当前中小学生的认知规律,设置合理,逻辑性强,明了易懂
教学活动（30分）	目标达成	达成符合学生自主学习、方便教师教学使用的目标,通用性好,交互性强,能够有效解决实际学习及教学问题,高效完成设定的教学目标,促进学习者思维的提升、能力的提高
	精彩有趣	符合创新教育理念,体现新教材教学方法,教学过程深入浅出、形象生动、精彩有趣、启发引导性强,有利于学生的学习积极性和主动性的提升
	形式新颖	微课构思新颖,富有创意,类型丰富(讲授类、解题类、答疑类、实验类、其他类)
视频规范（20分）	技术规范	微课视频录制方法与设备灵活多样(可采用DV摄像机、数码摄像头、录屏软件等均可) 微课视频一般不超过10分钟;视频画面清晰、图像稳定、构图合理、声画同步,能全面真实地反映教学情景
	语言规范	使用规范语言,普通话或英语表达应标准,声音清晰,语言富有感染力
网上评价（10分）	网上评价	作品提交后,将在网上进行展示并提供给学生学习和教师教学应用,根据线上的观看点击率及投票率等产生综合评价分值

（三）教学课程说

随着MOOC在国内外的兴起,微课作为MOOC的基本组成单元,开始走上微型网络课程之路,为学习者提供更加完备、系统和全面的学习支持服务。一门完整的MOOC通常以微视频为主,辅之以微课件、微讲义、微案例、微素材等资源;或者以微作业为主,辅之以在线讨论、在线答疑和在线测试等学习互动反馈。

第三节　微课的理论基础

坚实的理论基础是设计微课的重要基石。微课设计涉及的理论主要包括建构主义学习理论、认知负荷理论、微型学习理论、情境学习理论和掌握学习理论等。

一、建构主义学习理论

建构主义(Constructivism)又称结构主义,皮亚杰(Piaget)和维果茨基(Vigotsky)是研究建构主义学习的代表人物。皮亚杰认为知识是主体与客体在双向交互作用的过程中构建起来的,认知结构包含同化和顺应两个基本过程,同化是认知结构数量的扩充,而顺应则是认知结构性质的改变。维果茨基提出"文化—历史发展"理论和"最近发展区"理论。他认为,个体的学习是在一定的历史和社会文化背景下进行的,社会在支持和促进个人学习的发展方面可以发挥重要作用。个体的自我发展水平和与他人合作后潜在的发展水平间的差异称为"最近发展区"。

建构主义学习理论认为,教师不仅是知识的传授者,还是组织者、指导者和促进者;学生不再是信息的被动接收者,而是主动的意义建构者。学习不是由教师把知识简单地传递给学生,而是学生在一定情境下,借助相应的学习资料,通过与学习共同体互动、协作与会话,以自己的经验为基础,主动探究,建构对新知的理解。情境、协作、会话和意义建构是建构主义学习环境中的四大要素。

在微课设计中,首先,微课主题要鲜明,重难点要突出;其次,微课内容应当遵循学生的"最近发展区"规律,保证学生能够同化旧知和顺应新知;最后,确保微课内容的完整性和表现形式的多样化,激发学生进行知识的主动建构与积极生成。

二、认知负荷理论

认知负荷理论(Cognitive Load Theory,CLT)是由澳大利亚认知心理学家斯威勒(Sweller)于1988年率先提出的,以资源有限理论和图式理论为基础分析了个体对认知信息加工的过程。认知负荷理论将人类的认知记忆分为短时记忆和长时记忆,教学信息加工的过程发生在短时记忆中,再进入到长时记忆中进行存储。

资源有限理论认为,人类的短时记忆容量是有限的,只能同时存储7个左右信息单元或者加工2~3个信息单元。短时记忆对于信息的保存时间也很短,只有1~2分钟。如果同时进入短时记忆中的信息超出认知资源的容量,那么就会产生资源不足的问题,造成认知负荷超载,导致信息无法被加工,从而影响学习效率和质量。

图式理论认为,短时记忆加工后的信息会以图式的形式存储在长时记忆中。个体在学习新知时,长时记忆中的图式可根据所面临的情景快速选择、加工、整合和归类,不断增加长时记忆中图式的数量。有的图式经过反复实践后达到自动化的程度,从而可以节省认知资源,降低认知负荷。

在微课制作过程中,应尽可能降低学习者的认知负荷。学习材料的组织和呈现方式、学习材料的复杂程度和学习者的先验知识是影响认知负荷的基本因素。因此,在微课的设计中,教学内容的组织要简明、生动,避免给学习者有限的短时记忆空间带来过大压力,并利用引导性材料激活学习者长时记忆中与新学内容相关的信息,便于学习者将新学内容纳入已有图式中,以实现长时记忆的目的。

三、微型学习理论

微型学习理论(Micro Learning Theory)最早由奥地利的学习专家林德纳(Lindner)提出。他认为微型学习是以手机、平板电脑等微型媒体应用终端为依托,以微型内容为主题来构建学习任务的学习活动。随后,其他学者也对微型学习给出相关定义,虽然说法不一,但共同之处在于时间"短"和内容"小"。

微课设计中,需将学习内容拆分成为小的学习单元,使学习以小步子进行,这样会符合学习者持久性较差、注意力集中时间较短的认知特点,从而有利于激发学习者的学习潜力,收获更好的学习效果。

四、情境学习理论

情境学习理论(Situated Learning Theory)最早出现于20世纪,著名教育哲学家杜威(Dewey)提出"做中学"的观点,此观点从实用主义角度出发,认为知识的获得是一个实践的过程。布朗(Brown)等(1989)认为:知识与情境密不可分,情境不是学习与认知的辅助手段,而是学习整体中的一个有机组成部分,学习者在与情境的互动中获得知识,学习过程与认知过程在本质上是情境性的。莱夫(Lave)和温格(Wenger)(1991)提出"实践共同体"概念,认为学习是一种"合法的边缘性参与",他们强调学习的过程不是抽象的过程,更不是去情境化的知识学习,学生并非作为个体,而是作为实践共同体的一部分,在特定的学习情境中参与学习,并在实践中促进认知发展和知识生成。

微课的情境设计需遵循教学理论和学习理论的指导,以情境为核心,注重情感体验的提升。在内容构建上,需考虑学习者需求;在形式上,需使用丰富的媒体增强画面效果、增强视频感染力;在内容上,需贴近生活情境、传递正确的价值观,层层递进,引发学生思考,提高学生的学习积极性和学习兴趣。

五、掌握学习理论

掌握学习理论(Mastery Learning Theory)是由美国著名的教育心理学家布卢姆

(Bloom)提出的。在"所有学生都能学好"的思想指导下,教师为学生提供个性化学习支持,并给予足够的学习时间,使大多数学生达到课程目标规定的知识水平。

教师在设计微课任务时,需以学生在学习过程中易出现的问题为切入点,应用问题引领式和任务导向式的视频案例,帮助学生理解新知重难点,使学生获得有效的学习支持,提高学生的知识掌握程度。另外,微视频可方便学生灵活地安排学习时间和学习进度,可以自设学习步调,选择重复或跳跃式地观看微课,满足学生个性化的学习需求。

第四节 微课特点

有人问美国第28任总统伍德罗·威尔逊(Woodrow Wilson),准备一份10分钟的演讲稿,需要花多少时间?威尔逊回答说:"两个星期。"那人接着问:"准备一份一小时的演讲稿呢?"威尔逊回答说:"一个星期。"那人又问:"两小时的演讲稿呢?"威尔逊再次回答说:"不用准备,马上就可以讲。"这段对话告诉我们,内容越是短小精悍,越是需要花费大量时间做准备。所谓"微而不微""麻雀虽小五脏俱全",微课虽然形式微小、内容简短,但主题突出、内容明确、情境真实、引人入胜。

微课不同于传统的教学视频,也不是将传统的教学视频进行简单的剪切,基于上述理论,我们认为一门好微课需要满足简、短、易、聚、情的特点。

一、简

简指简明扼要。简不等于"剪",并不是简单粗暴地将传统教学视频剪切成若干个教学片段。简是"减",在微课标题、教学内容和讲授语言等方面的处理上,应做到把握核心,简明扼要,提纲挈领。

二、短

短指教学时间短少。根据学习者的认知特点及注意力集中规律,一节微课视频的长度通常控制在5~10分钟较适宜。将翻转课堂付诸实践的美国科罗拉多州林地公园高中的化学老师乔纳森·伯尔曼(Jom Bergmann)和亚伦·萨姆斯(Aaron Sams)提出,微课最佳时长遵循"学生年级数的1~1.5倍"的规律。如学生上4年级,那么视频最佳时长为4~6分钟;如学生上6年级,那么视频最佳时长为6~9分钟。

三、易

易指易传播、易共享、易使用。由于微课时间短、数据量小,易于网络传播和资源共享,便于学习者通过手机、笔记本电脑、平板电脑等移动终端随时随地学习。

四、聚

聚指教学目标明确,聚焦于某一核心问题的解决过程。根据认知负荷理论,在学习过程中,通过设计目标明确、符合学习者认知负荷水平的学习内容,可以帮助学习者更好地完成意义的建构。因此,在微课设计中,需尽可能地排除冗余信息,避免认知干扰,聚焦于核心问题,达成最佳的认知负荷水平,从而保证学习者的学习有效性。

五、情

情指微课内容情境真实,使学习者充满学习情趣。根据建构主义学习理论和情境学习理论,设计微课时需强调学习情境的建构,给学习者营造一种老师在对我说的真实学习体验。学习者可自主选择课程内容、自主控制播放进度、自主思考和表达,实现真实的学习情境沉浸感,满足学习者的情感需求。另外,适当的音乐伴奏、人物旁白和故事描述,刺激学习者产生听觉和视觉的共鸣,紧紧吸引学习者,引发更多的学习情趣。综上,富含情境的微课可提高学习者的自主学习能力,促进学习者对知识的意义建构。

第二章 微课设计

微课设计是指为了使学习者获得最佳的自主学习效果,对某个知识点或教学环节进行精心的信息化教学设计。微课设计没有统一的模板,需要根据学习者的认知水平、思维方式和学习特点等,确定微课的类型,选择微课的呈现方式及设计制作方式。

第一节 微课类型

依据不同的分类标准,微课可划分为不同的类型。

一、按教学方法分类

教学方法是指教师和学生在教学过程中为实现共同的教学目标及完成共同的教学任务而采用的方法和手段的总称。

依据教学方法分类,李秉德教授将微课分为讲授类、问答类、启发类、讨论类、演示类、表演类、练习类、实验类、自主学习类、合作学习类、探究学习类等11类,具体的分类依据及适用范围如表2.1所示。

表2.1 微课的分类及适用范围

分类依据	类型	适用范围
语言传递	讲授类	教师运用口头语言讲解的方式向学生传授理论知识,基本目的是帮助学生掌握较为抽象的理论,一般用于学生初次学习时,帮助他们解决重难点问题,这是最常见、最主要的一种微课类型
	问答类	教师向学生提问,通过学生回答问题的形式来引导学生获取和巩固知识
	启发类	从学生的实际出发,以启发学生的思维为核心,设置问题,制造悬念,调动兴趣,启发思维,通过逐步剖析,讲解知识要点,从而解决问题
	讨论类	教师制定一个讨论提纲和目标,学生通过微课建立讨论情境,自行练习,为教师后期集中组织的研讨准备讨论素材

续表

分类依据	类型	适用范围
示范演示	演示类	教师通过实物或示范性操作,让学生获得直观的感性认知,以印证所授知识
	表演类	对教学内容进行模仿表演和情景再现,以达到学习交流的目的,一般包括教师的示范表演和学生的实践表演,据一项调查显示,表演类的讲授视频深受学生青睐
操作训练	练习类	讲解、示范某种技能的要领和训练注意事项,一般用于动手实践类的学习类型,如体育、艺术、书法,以及某种工具的具体操作等
	实验类	教师演示实验操作过程,让学生通过实际观察获得感性知识,以说明和验证所传授的知识,或者对学生将要进行的实验进行必要的指导和提示,在物理、化学、生物、地理等学科的教学中,实验操作型微课较为常见
引导探究	自主学习类	通过学生独立分析、探索、实践、创造等方法来实现教学目标,通常提供学生课前预习,课后自主复习
	合作学习类	小组或团队进行学习的策略,有助于培养学生的团队合作精神,适合用于某一单元或某一模块的学习
	探究学习类	在学生主动参与的前提下,有效地引领学生亲历发现问题、提出假设、寻找证据、得到结论,在探究的过程中促进思维发展,获得创新实践能力

二、按教学环节分类

按照课堂教学主要环节(进程),微课可分为课前预习类、新课导入类、新知学习类、小结巩固类和课后拓展类。

(一)课前预习类

课前预习类微课用于课前环节,通常是对新课内容的概念、原理、定律等基本理论知识做概要阐释,为学生厘清学习重难点,为课堂上进行高阶的学习活动做好准备。

(二)新课导入类

新课导入类微课用于课中导入环节,教师根据新课知识点设计新颖的问题或悬念,吸引学生的注意力,激发学生的兴趣,为新知讲解做好铺垫。

(三)新知学习类

新知学习类微课用于课中探究环节,教师先对新知重难点进行点拨,通过典型案例引导学生探究规律,然后观看视频并及时总结,对新知进行吸收。

(四)小结巩固类

小结巩固类微课用于课中总结环节,引导学生总结新知的重难点,对新知内容形成整体认识,完成知识内化。

(五)课后拓展类

课后拓展类微课常用于课后环节。教师可根据学生对知识的掌握情况,将不同难度的习题解题方法录制成微课,提供给不同水平的学生进行课后拓展学习,引导学生总结重点、练习提高、举一反三,并根据自己的学习情况有针对性地选择观看,实现"按需所取、因人施教"的效果,进一步突显层次化教学目标及发展目标。

三、按制作形式分类

微课视频的媒体呈现形式多样,按制作形式划分,常见的有拍摄型微课、录屏型微课、动画型微课和交互型微课等。

(一)拍摄型微课

拍摄型微课指的是制作者利用摄像设备,对教师授课内容或学生学习过程进行记录并制作的视频微课。拍摄环境包括卡片拍摄式、实物拍摄式、实地拍摄式、课堂实拍式和"手机+白纸"拍摄式等类型,具体选择何种形式取决于课程内容的需要。

拍摄型微课的最大特点在于教师出镜授课。这种微课既可以是在屏幕上同时呈现课件内容和教师图像,也可以是两者间相互切换、分别呈现。尽管师生之间不能通过视频进行直接交流,但教师的表情、神态、肢体动作等依然对学生的学习产生影响,让学习者获得较强的代入感。语言传递类、示范演示类和操作训练类课程适宜采用拍摄型微课。

(二)录屏型微课

录屏型微课指的是使用计算机录屏软件或手机应用程序(APP)将屏幕上的演示过程全程录制下来,并输出成视频。通常包括计算机PPT录屏法、移动设备内录法和书写录屏法。

(1)计算机PPT录屏法指的是为计算机安装录屏软件(Camtasia Studio、FSCapture、EVCapture等),录制PPT课件画面及同步讲解语音,并输出成视频的过程。

(2)移动设备内录法指的是为手机或平板电脑安装录屏APP,以录制演示文稿并配以解说的过程。Andriod系统常用的录屏APP有一镜到底、录屏大师等;IOS系统常用的录屏APP有Display Recorder、RecScreen等。

(3)书写录屏法指的是使用计算机、手写板、智能笔或交互白板等硬件,配合同步书写与解说,并通过录屏软件SmoothDraw进行录音、录屏的过程。当需要展示知识间的逻辑关系时,适宜采用录屏型微课。

（三）动画型微课

动画型微课是利用Flash动画技术或视频制作软件合成的微课，它的主要特征是趣味性强和交互性好。动画型微课常见文件格式有视频格式（如AVI、MP4、WMV）和动画格式（如SWF、EXE）。视频格式的动画微课只能观看，不能互动；动画格式的动画微课既可以观看，又可以互动。

动画型微课适用于不便于真人演示和实物展现的内容，能够有效地帮助学生在学习过程中理解抽象的内容。如小学语文的笔顺教学、物理原理讲解、化学实验模拟等，可用动画形象地展现抽象的原理和实验现象。

（四）交互型微课

交互型微课是使用Flash、Focusky、Camtasia Studio、Storyline、Lectora、OutStart Trainer等互动开发软件，制作并生成HTML5网页或Flash动画形式的微课。用户既可以通过导航按钮，自主控制微课的学习顺序和进程，也可通过互动测试及时获得效果反馈，查看成绩等，有效地克服了普通微课中学习者只能被动学习的缺陷，强化了学生的自主学习能力。

第二节 微课设计基础

一、微课的设计原则

不同类型的微课的设计侧重点亦有所不同。但从整体上讲，都应该遵循以下共有的原则。

（一）科学性原则

微课是用来传播知识的，因此微课中的任何内容都必须严格遵循科学体系。基本概念、定义、定理、公式的描述应准确，论据应真实可靠。分析、推理和论述要严谨，实验步骤要正确。解说用词、术语规范及文字符号应准确无误。

（二）教育性原则

具有教育性是微课的"立身之本"。微课需要符合教育方针，教学目标明确，对学习者掌握知识、发展能力能起到促进作用。在内容选择上，理论联系实际，取材典型、适当、有针对性，选题突出重点、突破难点。符合教学原理和认知规律，分析推理深入浅出，富有启发性，能使理性知识感性化、抽象知识形象化、枯燥知识趣味化、深奥知识通俗化。

（三）完整性原则

微课虽微，却具有课堂教学结构的完整性。并不是所有的教学内容都可以分解制作成微课，否则会导致教学内容支离破碎，学生只注重知识点的掌握，而忽略了知识点间的内在联系，违背了学科课程的系统性和整体性特征。

微课内容需覆盖课程目标的基本要求，内容划分为合适的学习单元或模块，每个单独的学习模块都具完整性。模块间的知识关联清晰，重难点突出，启发性强，有利于激发学生学习热情，符合课程的内在逻辑体系和学生的认知规律。

（四）设计性原则

微课并非是传统课件的微型化或者内容的简单切割，微课设计需要遵循教学设计和心理学设计原则。微课要在短时间内引起学习者的注意、激发学习者的学习热情、引导学习者积极思考等，必须要有精心的设计。

（五）技术性原则

微课是利用网络多媒体技术进行展示和传播的，因此微课的制作离不开信息技术的支持。选取合适的技术手段来呈现微课的内容，有利于激发学生的学习兴趣，帮助学生更好地自主学习。对于微课制作者来说，掌握的技术手段越全面，制作时就越游刃有余。对具体的微课来说，技术手段永远是为内容服务的，能恰当地呈现微课内容的技术就是好技术。

（六）艺术性原则

对于网络微课，如何体现知识的魅力，如何展示教师的风采，如何传播知识背后的文化，都需要有较好的艺术设计。微课的界面布局要简洁明了、整体美观、新颖合理、生动活泼、富有创意。整体风格需统一，色彩搭配协调，色彩不宜过多过杂，应符合视觉心理。画面构图要合理组织、合理分割，突出主体元素。文字要简洁准确，提纲要突出，字体、字号和字形要协调统一，不使用繁体字或变形字。视频的拍摄角度、拍摄距离和镜头推拉要合理，拍摄的光线和背景亮度要合适。解说和背景音乐配合协调，并与视频或动画主体的画面合拍，不能相互干扰。

二、微课的设计模型

教学系统设计是以实现教学目标、解决教学问题、优化学习效果为目的而设计的一种特殊活动，不但具有设计学科的一般性质，而且需要遵循教学的基本规律。

教学系统设计是开发过程中最重要的一环，是形成信息化资源设计总体思路的过程，决定了后续开发的方方面面。微课作为一种信息化教学视频和资源，需要系统、有效的教学设计模型做支撑，才能确保开发与制作的整体性、动态性及优化性，从而实现教学效果最优化。

(一) 教学系统设计模型

教学系统设计模型于1975年被首次提出,是由美国佛罗里达州立大学的教育技术研究中心为美国陆军设计开发的,主要包括分析(Analysis)、设计(Design)、开发(Development)、实施(Implementation)和评价(Evaluation)五个阶段,因此该模型又被称为ADDIE模型,如图2.1所示。综观已有的教学设计过程模型,大部分学者都认同ADDIE模型中的五个核心要素,这五个核心要素代表了教学设计的五个大致阶段。

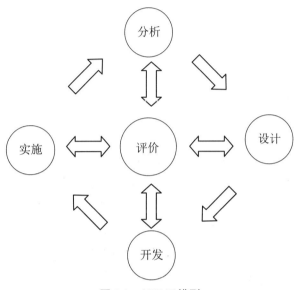

图2.1 ADDIE模型

ADDIE模型是一个循环的教学设计过程,评价活动始终贯穿于每个设计阶段。教学设计者根据每个阶段的形成性评价结果,反思前面一阶段存在的问题,并及时修正。

1. 分析

该阶段是教学设计阶段的基础。在这个阶段,必须确定问题的来源以及可能的解决方案。分析阶段的结果通常包括:

(1) 教学问题,明确利用教学来解决哪些问题。

(2) 教学目标,分析教学目标,即从宏观的角度进行教学分析,以确定教学的知识与技能、过程与方法、情感与态度三维目标,要对每个知识点的掌握程度做出明确要求。

(3) 学情分析,即对学生的认知特征、心理特征及已具备的能力进行分析。

(4) 教学任务,即每阶段的教学任务是什么。

(5) 情境或资源分析。

(6) 应用的教学环节分析。

2. 设计

在前端分析的基础上,微课的设计阶段包括确定教学目标、制定教学策略、组织教学顺序、设计辅助资源和选择开发工具五个步骤。

（1）在对教学目标进行定位的基础上，深层次提炼、细化教学目标，确定单个微课的子目标。

（2）微课的学习过程是完整的教学活动，只有制定了合理的教学策略，才能保证其教学活动顺利进行。如何组织教学内容和教学媒体，让学生在短时间内获得良好的学习效果，在微课设计之初就应当仔细考虑。

（3）在微课教学顺序上，应注意其设计的连贯性，通常包括"开头—学习目标—导入—新知讲解—习题检测—新知总结—结尾"。

（4）微课的辅助资源一般包括课件、讲义、习题、作业、导学案例等资源。

（5）根据制作形式的不同，微课的开发工具也有所差异，制作者需根据学科特点及制作成本选择最优的微课开发工具。目前"PPT＋录屏软件"式的微课得到了较广泛的应用。

3. 开发

该阶段的主要任务是编写微教学设计、制作微脚本和微课件、录制或拍摄微视频、编制微习题。

（1）微教学设计的要素需齐全，应明确教学目标、教学内容及教学活动。知识点的切割需独立、完整，内容要精确，既要注意单一知识点的完整性，又要注意各个微课之间的联系。

（2）微脚本是将微教学设计的内容进一步细化，具体到每幅画面呈现的媒体信息、交互设计、学习过程以及时间分配，是微课设计和制作的蓝本。

（3）微课件应遵循教学逻辑，提炼要点，层次分明，图文并茂，把技术性和艺术性巧妙地结合起来。

（4）微视频画面的设计要简洁大方，给学习者带来舒适的视觉感受。语言通俗易懂，语速和音量适中。针对不同学习者，选择不同的语言风格进行讲授。内容简明扼要，紧密结合重难点和易错点。

（5）微习题内容需要有针对性与层次性，难易程度上有梯度性。

4. 实施

对已经开发的课程实施教学方案，同时进行实施支持。在这一阶段，必须促进学生对学习内容的理解，帮助其掌握学习目标，确保学生能将在教学情景中获得的知识迁移应用到实际的工作中。目前，微课在教学中主要有两种应用形式：一是用来辅助课堂教学；二是与翻转课堂相结合，引导学生自主学习。

（1）微课在课堂中的安排顺序不同，所起的作用也有所不同。在课堂上，微课通常被教师用来突破较抽象的教学重难点。

（2）翻转课堂强调的是课下学生自主学习、课上讨论练习。用于翻转课堂的微课，其学习资源应是一套完整的体系。因此，此类微课的制作要从整体角度出发，教学目标的制定要由大到小、由浅入深，教学内容的设计应完整、独立。

5. 评价

微课设计是否合理？微课的应用效果如何？这些问题都要通过后期评价来进行判断。

从微课制作、教学标准和学习效果等多维度对微课进行客观合理的评价,通过积极反思,为微课的修正设计提供参考和建议。

(1)微课制作常从微课制作技术和制作艺术两方面进行评价。

(2)微课的教学标准一般从内容的完整性、学习者的认知水平、教师的教学艺术和教学风格、辅助资料的完整性等方面进行评价。

(3)微课的学习效果不能单纯以作业、考试的方式来评价应用效果,而应重视过程性评价,注重对学生学习方法、学习能力的全方位培养。

(二)常见的微课设计模型

结合现有的微课理论和实践研究成果,微课的设计模型虽然有多种,但皆以ADDIE模型为基础。其设计流程遵循设计、开发、应用和评价等基本环节,整个流程比较完整,各个环节的关联性较强。

1. 胡铁生团队的微课设计模型

胡铁生团队认为,良好的教学设计有助于微课教学资源的开发,微课教学设计的关键是教学目标制定、学习者分析、内容需求分析、教学媒体选择等,一个完整的微课开发过程必须将ADDIE模型中的各环节有机地结合起来,这样的微课才会具有更高的有效性和实用性(图2.2)。

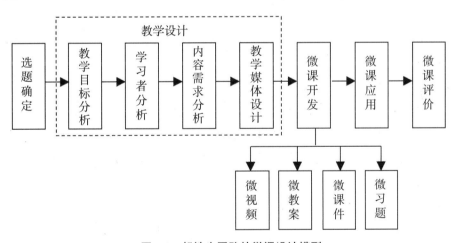

图2.2 胡铁生团队的微课设计模型

2. 余胜泉团队的微课设计模型

余胜泉团队认为元数据是知识点属性,知识本体是对知识点属性进行编辑并建立联系,由此提出基于学习元平台的微课设计开发模型(见图2.3),其包括课程分析、设计开发、包装聚合、微课应用、评价与修改等环节。

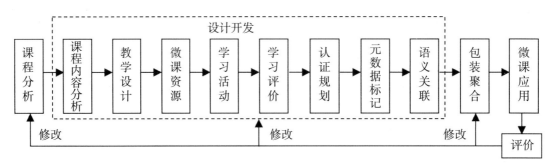

图 2.3　余胜泉团队的微课设计模型

3. 孟祥增团队的微课设计模型

在"掌握学习理论"指导下,遵循网络课程开发模式,孟祥增团队提出了微课设计的理论与制作流程,包括选题设计、教学设计、视频制作、辅助材料、上传、点评反馈、评价与修改等环节(见图2.4)。

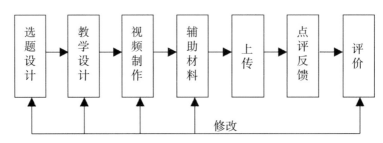

图 2.4　孟祥增团队的微课设计模型

4. 梁乐明等人的微课设计模型

梁乐明等人在对微课程理论进行梳理及比较后,采用内容分析法,对国内外有代表性的微课程网络学习资源(如可汗学院、TEDEd、佛山微课)的设计进行比较分析,在已有的微课程理论基础上,提出了能有效地促进学习的微课程模式(见图2.5),包括前端分析、课程内容设计、教学支持服务设计、评价与反馈等。

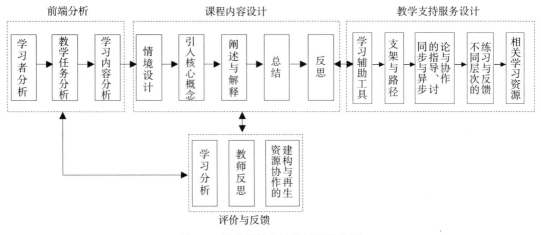

图 2.5　梁乐明等人的微课设计模型

5. 尹合栋的微课设计模型

尹合栋在对三类视频(微课程、微格教学视频和传统课堂录像)的异同进行比较分析的基础上,提出微课程设计过程模式(见图2.6),包括前期准备、内容设计、资源设计、学习与评价、修改与管理等。

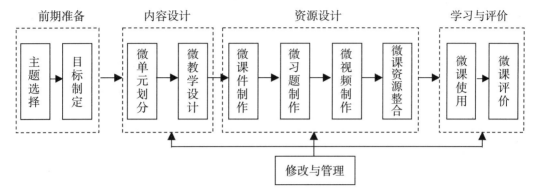

图2.6 尹合栋的微课设计模型

(三) 微课设计模型

结合上述几种主流微课设计模型,基于ADDIE模型的五阶段,设定本书遵循的"五步"微课设计模型,如图2.7所示。

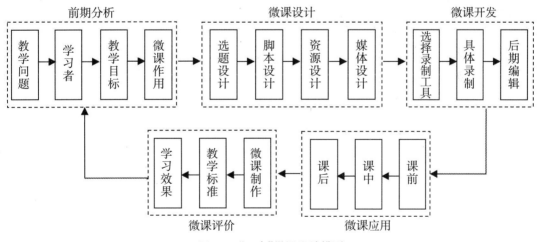

图2.7 "五步"微课设计模型

1. 前期分析

1) 分析教学问题

有研究者认为微课是用来解决教学问题的,没有问题就不需要开发微课,学生解决问题的过程就是建构知识、应用知识的过程。问题设计是决定微课质量高低的关键,问题的指向要明确、表述要清晰,尽量与学生的经验相关联,且具有培养学生高阶思维能力的可能性。

2) 分析学习者

明确微课的学习对象是小学生、初中生、高中生、大学生还是社会人士。根据学习者的不同认知水平和兴趣爱好,确定微课的类型,选择微课的表现形式和制作方式。

3) 分析教学目标

教学目标指的是微课设计制作者期望的目标或者期望的教学效果,而解决教学问题是微课所要达到的最终目标。教学目标应聚焦核心问题,落实到可操作、可验证的具体教学活动或练习中。

4) 分析微课作用

在以上所有分析的基础上,明确所设计的微课是用于课前预习、新课导入、新知学习、小结巩固、课后拓展等过程中的哪一个环节。

2. 微课设计

1) 选题设计

选题设计是微课制作中十分关键的一环,好的选题可以起到事半功倍的效果,不好的选题则可能使微课平凡甚至乏味。微课选题要能够在众多的知识点或教学环节中突破重点和难点,有效地解决教学问题。考虑到时间和容量上的限制,微课选题需要注意以下两点:

(1) 选题要"微而精"。为了适应学习者非连续的注意状态,选题设计应做到微型、小粒度,以适合短时间、短流程的片段化学习;微视频所承载的内容是一个相对独立、完整的模块,因此应将学习内容按知识点进行分割,保证一节微课中仅包含一个精确的知识点。

(2) 选题要"准而妥"。不是所有的知识点都适合用微课的形式来表现,不是所有的内容都适合用微课去呈现。选题要做到准确无误,能突出教学重点和难点、解决教学问题;选题要做到妥当合适,能使用多媒体技术,如使用动画、图表、音视频等来表达教学内容。

2) 脚本设计

微课的脚本设计即微课制作前的规划。脚本设计一般包括本节微课的标题、内容来源、适用对象、微课时长、学习目标、制作方式、内容讲解及学习效果评测等要素。详见本章第三节"微课设计脚本模板"。

3) 资源设计

微课的核心组成内容是微视频,同时包含与该教学主题相关的微课件、微讲义、微习题、学习活动任务表、多媒体素材等辅助性教学资源,资源设计力求结构严谨、主题突出、类型丰富,将资源渗透于教学视频当中。

4) 媒体设计

微课视频适合用多媒体形式来呈现,故选用何种媒体,如何结合具体内容将各种媒体进行搭配和组合,各种媒体出现的时间如何设置,文字与视频画面如何配合等问题,都需要设计者预先规划好。

3. 微课开发

微课的开发工具及制作方法详见第四章，在此仅做简单介绍，以保持本部分内容的完整性。

1）选择录制工具

根据学科性质和教学内容，选择适当的录制方式。微课的录制工具有很多，包括PPT、录屏软件、数位板、交互白板、视频拍摄工具（手机、摄像机、数码相机等）和HTML5等。

2）具体录制方法

以最常用的"PPT＋录屏软件"制作方式为例，在演示制作好的PPT课件的基础上，授课人对相关知识点或习题等进行适当的讲解，同时开启录屏软件录制视频，在保持录音环境安静的前提下，讲解要声音响亮，抑扬顿挫。语言通俗易懂、深入浅出、详略得当，尽量避免使用古板、枯燥的书面语，不照本宣科，不将PPT课件当演讲稿。讲解时用"你"来制造一对一的感觉，不宜出现"你们""同学们""大家"等词语。如果授课人的头像出现在画面中，那么授课人要多与镜头进行眼神交流，从而让学生产生情感交流的感觉。

3）后期编辑

后期编辑包括视频剪辑、添加字幕、解说、配乐和转场效果等。

（1）视频剪辑可将原来录制的长视频，切割成多个微视频片段，也可将出现口误或多余的画面删除。

（2）字幕的颜色要和画面背景呈现明显反差，能让观看者清楚地识别。字幕大小和位置适中，在不易理解的地方适当添加部分字幕详述，文字不宜过多，否则会分散学生的注意力，降低微课的学习效果。

（3）要恰当地使用解说及配乐，解说要用普通话，音量和混响时间适当，音乐体裁与内容要协调。解说和背景音乐尽量不要叠加，即便叠加，解说声的音量也要明显大于背景音乐的音量，否则容易分散学生的注意力。

（4）转场能够使视频显得轻松活泼，以丰富学生的观感，增加学习趣味。在微课制作中，较多采用叠化、擦除、黑场过渡和白场过渡等变化缓慢、细微的转场效果。然而，并不是每一个镜头切换都需要加入转场效果，通常在模块的衔接处可适当添加转场效果。如在片头的尾部、片尾的头部、新课讲授和习题练习衔接处等位置，可适当加入转场效果。

4. 应用实施

微课的应用实施是用于评价微课教学效果的重要因素。根据微课的授课内容和性质，适当安排微课的使用时间；根据教学环节分类，合理地将微课安排在课前、课中或课后环节中使用（详见第五章）。

5. 微课评价

微课评价包括微课制作评价、教学标准评价和学习效果评价（详见第五章）。根据微课评价结果，对微课设计模型进行实时动态修正。

第三节　微课设计脚本模板

微课脚本就好比一部电影的剧本,一部好的微课脚本是设计、开发一节优秀微课的前提和保障。根据微课类型和微课设计模型,笔者在以往研究的基础上,进行内容梳理、整合,设计出微课脚本设计模板,如表2.2所示。

表2.2　　　　　　　　　　　　　微课设计脚本

微课标题				内容来源		
适用对象				微课时长		
学习目标						
学习重点						
学习难点						
学习用途	□课前预习　　□新课导入　　□新知学习 □习题检测　　□小结巩固　　□课后拓展					
制作方式	□拍摄型　　□录屏型　　□动画型　　□交互型					
内容设计						
结构	内容			界面设计		时长
1.片头	基本信息					
2.正文	导入:					
	讲授:	内容1				
		内容2				
		……				
	小结:					
	作业:					
3.片尾						

一、微课标题

微课标题是微课的眼睛、门户,它提供关键信息,因此应直指主题,让学生一看到标题就知道视频中要解决的问题。如果没有告知主题,那么微课标题就要生动、有新意,吸引眼球。微课标题的字数不宜过多,应简明扼要。其在表述上可以多样化,除常用的陈述式外,也可以适度使用疑问式。

二、内容来源

微课的内容如果选自教材,那么需要注明教材的版本和章节;如果不是选自教材,那么需注明内容主题。例如,在新型冠状病毒肺炎疫情防控期间,青岛大学录制了"疫情心理防护"科普微课,以帮助学生提高自身的心理防护意识和水平。

三、适用对象

微课的适用对象即适用的学习对象,微课内容需要符合学生的年龄特点、认知水平、学习风格和知识储备。

四、微课时长

一节微课不宜过长,但要结构完整,并将一个知识点讲清讲透。微课的时长一般在5~10分钟,最佳时长遵循"学生年级数的1~1.5倍"规律,以便抓住学生的黄金注意力。

五、学习目标

学习目标是微课设计的重要前提,需明确具体的知识点及要求。学习目标具有单一、具体、明确、可操作性强等特点,对微课的教学策略选择和教学内容组织起导向作用。

六、学习用途

根据微课在课堂教学中的应用环节进行分类,其学习用途包括课前预习、新课导入、新知学习、习题检测、小结巩固和课后拓展。

七、制作方式

根据微课内容的学科特征及呈现需求,制作者可选择合适的录制方式,录制方式包括拍摄型、录屏型、动画型和交互型。

八、内容设计

(一)片头

片头具有第一印象的作用,优秀微课的片头大都较为简洁美观。微课片头通常显示标题、作者、单位、使用对象、所属学科、教材名称、单元和知识点等信息。

（二）正文

微视频是课堂教学的高度浓缩,其过程简洁而完整。在这简短的时间内,要完成课程引入、内容讲授、微课总结、作业布置等环节,节奏要求合理、不拖泥带水。

1. 导入

微课时长较短,因此在设计微课时要注意导入的方式,迅速接入主题内容,力求新颖和引人注目,用最短的时间引起学生共鸣。常用的导入方式有：开门见山、回顾总结、提出问题、故事导入、悬念导入及其他导入方式。此部分时间不宜过长,30～90秒即可。

2. 讲授

依照课程培养目标、知识单元的内容要求、微课类型特点展开主题讲授。在讲授过程中,要做到主干突出,逻辑严谨,思路清晰,突出重点内容,展现核心知识点,围绕一条知识或实操技能主线展开讲解。

在以针对性解惑为首要目标的前提下,案例尽量精且简,力求论据准确有力、生动活泼、易于理解。依据课程知识点的特点,可以灵活使用问题启发、案例讲解、故事隐喻、正反对比等技巧。在短短几分钟的讲解中,充分吸引学生的注意力。

3. 小结

在微课设计中,小结是内容要点的归纳。好的总结往往一针见血、富有特色、简洁新颖,能起到画龙点睛的作用。课后小结是一节微课的精髓所在,小结要高度提炼,不在于长,而在于精,总结一节课的核心内容、重点和难点,既可以帮助学生梳理脉络、查缺补漏、加深记忆,也可以给学生一定的时间吸收新知识,并与已有的知识经验相结合。

4. 作业

教师为了验证学生是否掌握了微课的知识点,是否需要动态修改微课内容,通常通过作业形式来进行检验。学生通过作业来展现他们的学习情况,学生在解决问题的过程中,对内容讲解和总结过程中不能完全消化的部分知识进行再次加工和认知。教师则以学生的作业反馈为参照,进行微课的动态修改与完善。

（三）片尾

微课片尾通常由感谢语、课程制作团队、制作单位、日期等基本信息和视频动画、图片等构成。

第三章　微课素材的获取

微课素材是指制作微课作品时所用到的各种视觉和听觉媒体。一般来说,根据素材在磁盘上存放的文件格式不同,可将媒体素材划分为文本、音频、视频和动画等种类。本章主要介绍了这些素材的获取与处理方式。

第一节　文本素材

在各种媒体素材中,文本素材是最基本的素材。文本素材的处理离不开文字的输入和编辑。在计算机中,文本有多种格式,也有多种获取方式。

一、文本格式

（1）.txt为纯文本格式,一般用Windows操作系统自带的程序"记事本"打开。

（2）.rtf为富文本（Rich Text Format）格式,一般用Windows操作系统自带的程序"写字板"或Word等文字编辑软件打开。

（3）.doc为Word 2003及之前版本默认的文档类型。

（4）.docx为Word 2007及之后版本默认的文档类型。

（5）.wps为金山软件公司开发的WPS Office办公软件默认的文档类型。

二、文本素材的获取

文字是微课中教学信息的主要载体。在计算机中,获取文字的主要方法包括键盘输入、直接复制、语音识别和扫描识别。

（一）键盘输入

键盘输入是指按照一定的文字编码规则,利用键盘来输入文字。它是最早采用的文字输入方法,也是目前计算机文字输入最普遍的方式。常用的文字处理软件有记事本、写字板、Microsoft Word、WPS Word等。

（二）直接复制

作为教学资料的文本，也可在一些电子文档或网页中获取，一般采用"复制＋粘贴"的方法来保存文字内容。

> **提示** 如果仅仅需要文字，而不需要保存文字的格式等信息，那么建议用"记事本"，或者在Word中选择"编辑"菜单下的"选择性粘贴"命令，并在弹出的对话框中选择"无格式文本"，这样可避免保存无用的文字格式信息。

（三）语音识别

语音识别一般是指通过与计算机相连的麦克风，将要输入的文字用规范的读音读出，由相应的软件将声音转换成文本的过程。

语音识别技术的原理是将人的语音转换成声音信号，经过特殊处理后，与计算机中存储的已有声音信号进行比较，然后反馈识别的结果。随着技术的进步，语音输入的方式越来越普及，现在的智能手机也都支持将语音识别成文字的技术。

【案例】搜狗输入法语音识别

步骤1：连接并测试麦克风。

步骤2：打开文本编辑工具。

步骤3：单击搜狗输入法工具条上的麦克风图标，出现如图3.1(a)所示的语音输入面板，单击"点击说话"麦克风图标，出现图3.1(b)所示的语音输入的波形，点击"完成"按钮，即可在文本编辑工具中同步完成文字输出。

图3.1 搜狗输入法语音识别

（四）扫描识别

扫描识别又称光学字符识别（Optical Character Recognition，OCR）。它的工作原理是通过扫描仪或数码相机等光学输入设备获取纸张上的文字图片信息，利用各种模式识别算法分析文字形态特征，确定汉字的标准编码，并以通用格式存储在文本文件中。

现在市场上有多种品牌的OCR产品，如天若OCR、汉王OCR、清华紫光OCR、尚书OCR等，正确地使用OCR软件可以使文字的总体识别率超过98%。

在此，介绍一款常用的天若OCR小工具。该款工具小巧、免安装，可轻松识别网站上加密不可复制的文字或图片中的文字,但需在联网状态下使用。可以右击任务栏上的天若OCR图标,选择"设置"选项,从而设置软件的快捷键和工作模式。

【案例】天若OCR识别文字

步骤1:打开欲识别的图片和天若OCR。

步骤2:双击天若OCR图标或按快捷键F4,框选拟要识别的文字区域,如图3.2所示。

步骤3:识别完毕,天若OCR将自动呈现识别出的文字,如图3.3所示。

图3.2　框选文字区域

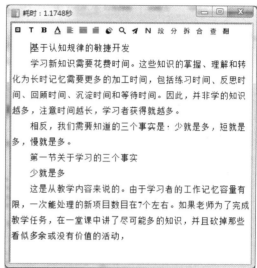

图3.3　天若OCR识别结果

步骤4:对识别出的文字进行核对,根据需要进行较正和转换。个别错字,可直接在文字窗口进行修改。如需转换,可右击"转换",对中英文标点、简体繁体字、英文大小写及汉语拼音模式进行转换,如图3.4所示。

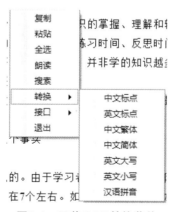

图3.4　天若OCR转换菜单

步骤5:复制文字。执行面板上方的复制/发送按钮"➤",或右击"复制",对文本进行复制,再粘贴至文本编辑工具中便可编辑和使用。

第二节 图 片 素 材

微课中常使用的图片有两种形式,即矢量图形和位图图像。

图形又称矢量图,是用一组指令来描述几何图形的点、线、框、圆、面等元素,如Office家族"插入"菜单中的剪贴画或自选图形等,皆为矢量图形,可直接用绘图工具进行绘制。矢量图的优点是无论放大、缩小或旋转等,图形都不会失真,文件小,常用于图案、标志、工程制图、美术字等设计。缺点是难以表现色彩层次丰富的逼真图像效果。

图像又称位图,是由输入设备捕捉实际场景画面而产生的数字图像。位图还称为点阵图,是由一个个像素点组成的,不同的像素点以不同的颜色构成了完整的图像。位图的优点是可以表达色彩丰富、过渡自然的图像效果。缺点是文件放大后,图像会失真、不清晰,边缘会出现锯齿。

一、图片格式

(一) 图形格式

常用的图形文件存储格式有CDR、AI、DXF和WMF等。

(1) CDR格式是矢量图制作软件CorelDraw专用的一种图形文件存储格式,占用的内存空间较小,可以记录文件的对象属性、位置和分页等信息,便于再处理。

(2) AI格式是矢量图制作软件Illustrator专用的一种图形文件存储格式,占用的内存空间较小,格式转换方便。

(3) DXF格式是二维绘图软件AutoCAD的图形文件格式,该格式以ASCI方式存储图形,可包含由其他CAD程序读取的图形信息,实现图形共享。

(4) WMF格式是Windows平台下的图元文件格式,具有文件短小、图案造型化等特点,但图形由各独立部分组合拼接而成,图形较粗糙。Office剪辑库及绘制的图表便是这种文件格式,常应用在幻灯片制作中。

(二) 图像格式

常用的图像文件存储格式有BMP、TIFF、JPEG、GIF、PNG和PSD等。

(1) BMP格式是Windows采用的图像文件格式,支持RGB、索引、灰度和位图等颜色模式,不支持Alpha通道。常用的图形图像软件皆可对该格式的文件进行编辑和处理。

(2) TIFF格式是一种无损压缩的文件格式,具有任意大小的尺寸和分辨率,能最大限度地保留图像的色彩信息。在打印、印刷或排版时,通常将图像存储为TIFF格式。

(3) JPEG格式是一种有损压缩的图像格式,可对图像进行大幅度压缩,最大限度地节约网络资源,提高传输速度。虽然JPEG格式不支持透明背景和动画效果,但它能较好地保留色彩信息,是目前网络中最受欢迎的图像格式,也是一种可跨平台操作的文件格式。

(4) GIF格式是经过压缩的文件格式,适合显示非连续色调或具有大面积单一颜色的图像,占用空间较小,适合网络传输,支持透明背景、动画效果,可在各种图像处理软件中通用。

(5) PNG格式是可移植性网络图像格式,采用非破坏性的无损压缩法,可完整和精确保存图像的亮度和彩度。PNG图像格式不仅具备GIF和JPEG图像格式的优点,存贮形式丰富,还能把文件压缩到极限以利于网络传输,且能保留所有与图像品质相关的信息。但目前有些浏览器不支持它,因此影响其在Web上的使用。

(6) PSD格式是Photoshop软件使用的一种图像文件格式,可以保留图像的图层信息、通道、蒙版等信息,以便于后续修改和特效制作。使用Photoshop制作和处理的图像存储为PSD格式,可以最大限度地保存图像信息,便于转换为其他图像文件格式,以进行后续的排版和输出工作。

二、图片素材的获取

微课中的图片素材获取途径主要包括互联网下载、屏幕捕捉、数码产品拍摄、素材库使用、软件制作等。

(一) 互联网下载

通过专门收集图片素材的网站,如昵图网、我图网、中国图片网、素材中国、百度图片等,可以下载需要的微课素材。

在此,以百度图片为例,下载"雪人"图片素材。

【案例】 从百度图片下载图片素材

步骤1:打开https://www.baidu.com/,搜索关键字"雪人"。

步骤2:切换至"图片"选项卡(见图3.5),设置尺寸等属性。"全部尺寸"里包括特大尺寸、大尺寸、中尺寸、小尺寸和自定义尺寸,在此选择大尺寸,得到图片搜索结果。如果需要下载GIF动图格式,那么选择"动图"。

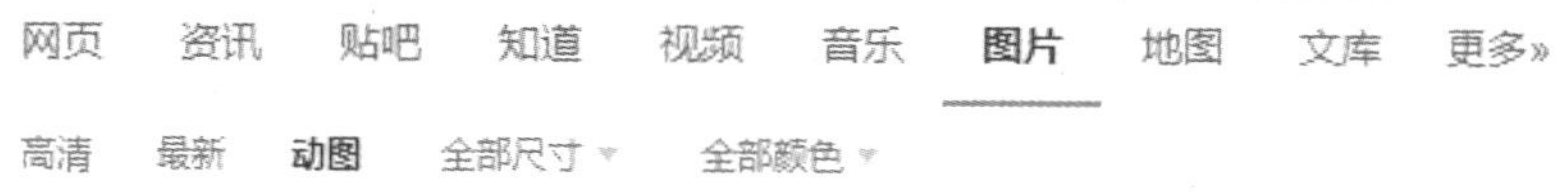

图3.5 百度图片属性设置

步骤3:浏览并单击素材缩略图,弹出查看图片详细信息的窗口,显示图片的来源、文件格式和分辨率等。

步骤4:在图片上右击"图片另存为",或点击图片下方的"下载",即可将图片保存在本地计算机上,如图3.6所示。

提示 不要直接在素材缩略图上右击"图片另存为",否则下载的为小尺寸图片。

图3.6 百度下载图片

(二)屏幕捕捉

利用Hypersnap、Snagit或FastStone Capture等专用截图软件,可以捕捉当前屏幕上显示的任何内容。也可以使用Windows提供的"Alt+Printscreen",直接将当前活动窗口显示的画面捕捉至剪贴板中。

这里介绍FastStone Capture截屏软件,该工具小巧、无需安装、简单实用,支持所有主流图片格式,具有高速的屏幕抓取、强大的图像编辑、轻松而灵活的输出等功能。启动FastStone Capture软件,即可看到该软件小巧的界面,如图3.7所示。

图3.7 FastStone Capture

在FastStone Capture主窗口中,左边的七个按钮是捕捉静态画面的主要功能按钮,分别是捕捉活动窗口、捕捉窗口/对象、捕捉矩形区域、捕捉手绘区域、捕捉整个屏幕、捕捉滚动窗口、捕捉固定区域。

(三)数码产品拍摄

数码产品拍摄包括数码相机拍摄、移动设备摄像头拍摄等。操作方法简单,在此不再赘述。

(四) 素材库使用

商业公司或出版社制作的图像素材库常常以光盘的形式发行,这是便捷的图片素材来源。随着云存储技术的发展,百度云盘、360网盘、金山快盘、腾讯微盘等成为知识资源共享的平台,推动了图片素材库的建设和应用。

微软Office"联机图片"也提供了丰富的图片素材。使用者可以使用必应或其他搜索引擎查找照片或插图(Office 2010及以后版本不再提供在线剪贴画库)。

(五) 软件制作

有时要找到一张合适的图片来呈现教学内容,并不是那么容易,这时就需要自己通过软件来制作图片了。常见的绘图软件有Photoshop、CorelDRAW、Windows画图程序、Painter,还可以使用Word、PowerPoint中的绘图工具绘制图形,用Microsoft Visio绘制流程图等。

第三节 音频素材

音频是微课制作中的重要素材,对教学内容起着渲染、强化和承上启下的作用。在微课视频或课件中加入音频可以增加真实感,增强表现力,有助于产生良好的教学效果。音频包括语音(如解说词)、音乐(如背景音乐)、音效(如打雷声、鼓掌声、鸟鸣声等)和噪音等。

一、音频格式

音频数据是以文件的形式保存在计算机中。音频文件主要有WAV、MP3、WMA、CDA、MIDI、RM、W4A和AMR等格式。

(一) WAV格式

WAV格式又称波形文件,是微软开发的一种声音文件格式,被Windows平台广泛支持,是目前计算机上广为流行的声音文件格式,几乎所有的音频编辑软件和多媒体制作软件均支持此格式。WAV格式记录实际声音采样数据,可以重现各种声音,但由于未经过压缩,故文件占用的存储空间较大,不适合长时间记录高质量的音频。

(二) MP3格式

MP3格式是当下流行的一种数字音频编码格式,是MPEG标准中的音频部分——动态影像专家压缩标准音频层面3(Moving Picture Experts Group Audio Layer Ⅲ,MP3)。该格式为有损压缩格式，压缩后的文件大小为原始的(1/12)~(1/10)，而音质却没有明显的下降。一分钟 MP3 格式音频大约 1 MB，单首歌大小在 3~4 MB。

（三）WMA 格式

WMA 格式是微软公司推出的一种流式数字音频格式，英文全称是"Windows Media Audio"。WMA 格式的音质与 MP3 相当，甚至略好，压缩比可达到 1∶18，适合网络在线播放。WMA 格式的可保护性强，可以使用数字签名对音频文件提供版权保护，甚至能设定播放器、播放时间和播放次数。

（四）CDA 格式

CDA 格式文件只是一个索引工具，不是真的包含声音信息。CDA 格式即 CD 音轨，文件音质好，既可以在 CD 唱机中播放，也可以使用播放软件播放。不论 CD 音乐的长短，在计算机上看到的 CDA 文件大小都是 44 B。CDA 文件不能直接复制到硬盘上播放，需使用 ECA 等抓音轨软件将其转换成 WAV 格式或 MP3 格式。

（五）MIDI 格式

MIDI 格式指乐器数字接口，是一种串行接口标准，允许将音乐合成器、乐器和计算机连接起来。人们在声卡中事先将数字式电子乐器的弹奏过程记录下来，需要发音时就到声卡里调取那个音。一首 MIDI 乐曲的播放过程就是按乐谱指令调出所需要的各个音。MIDI 格式文件很小，一首半小时的 MIDI 音乐仅有 200 KB 左右。

（六）RM 格式

RM 格式是 Real 公司开发的流媒体文件格式，文件很小且音质损失不大，适合在网络上实时传输并播放。

（七）M4A 格式

M4A 格式是采用 MPEG-4 音频标准的文件的扩展名，是苹果公司提供的无损压缩格式。从苹果公司开始在它的 iTunes、iPod 中使用"*.M4A"以区别 MPEG-4 的视频和音频文件以来，"*.M4A"这个扩展名便开始流行，几乎所有支持 MPEG-4 音频的软件都支持"*.M4A"。

（八）AMR 格式

AMR 格式是常见的手机录音文件，英文全称是"Adaptive Multi-Rate"（自适应多速率编码），主要用于移动设备的语音录音。该格式压缩比比较大，相比其他压缩格式的文件，质量较差。

二、音频素材的获取

微课中用到的音频素材来源广泛,主要有如下途径。

(一)互联网下载

网络提供了大量音频素材。一方面,有专业的音乐网站或搜索引擎提供音频下载,如中国原创音乐网、MTV音乐网、百度音乐、搜狗音乐等。另一方面,一些专业的多媒体设计素材网站提供音频素材的分类下载,如中国站长素材网、中国素材网、包图网等。

(二)CD提取

CD唱盘中的高品质音乐是音乐素材的重要来源之一。CD中的数字化声音是以文件形式存储的,不能直接拷贝,需要通过抓音轨软件获取存储在光盘音轨上的数据,并存储为WAV格式或MP3格式的声音文件。

可用于抓轨的工具很多,如专业的抓轨工具EAC(Exact Audio Copy)。有些媒体播放软件,如Window Media Player、RealPlayer等内置了抓轨功能,还有一些光盘刻录软件,如Nero中也有此类功能。

(三)视频提取

如需使用视频中的音频素材,可以使用专门软件把音频分离出来,如工具软件格式工厂不仅可用于各类素材之间的格式转换,还可以用于分离出视频中的音频信息。

【案例】格式工厂提取视频音乐
步骤1:打开格式工厂,切换至"音频"选项卡。
步骤2:设置输出格式为"MP3"。
步骤3:单击"添加文件"按钮,选择视频文件。
步骤4:返回主界面,单击"开始"按钮,MP3格式的音频提取完成。
图3.8所示为格式工厂提取视频音乐的四个步骤。

图3.8 格式工厂提取视频音乐

（四）素材库

同上一节，光盘和云盘素材库也是获取音频素材的方式之一。

（五）录制声音

微课制作所需的音频素材往往难以通过网络下载，只能试听，这时可以通过录制声卡的方法来获取音频。微课中的人声解说也是必不可少的音频元素，可以通过录制人声的方法来获取解说声。

下面以GoldWave软件为例，介绍录制声音的两种方法。GoldWave软件小巧、无需安装，是一款功能强大的集声音编辑、播放、录制和转换为一体的音频工具。

1. 录制声卡

在制作英语微课时，常常需要单词发音素材，而网络上往往不能下载现成的发音，只能通过在线翻译的方式来试听，这里我们通过案例来介绍如何录制并保存单词发音。

【案例】录制单词发音

步骤1：在百度中搜索"dog"，在百度翻译里呈现该单词的英式发音和美式发音，如图3.9所示。

图3.9 "dog"百度翻译

步骤2：在任务栏右击"声音"图标，选择"录音设备"选项，在打开的"声音"窗口中设置"立体声混音"选项。如图3.10所示。

步骤3：打开Goldwave软件，单击控制器上的录音按钮"●"，设置录音时长为20秒，单击"确定"。如图3.11所示。

图3.10 录制声卡的声音设置　　图3.11 设置录音时长

步骤4：切换至"dog"发音页面，单击"发音"后，执行控制器上的停止录音按钮"■"，此时，在编辑窗口出现一段波形，如图3.12所示。通过播放按钮"▶"试听波形，可验证其为录制的单词"dog"的发音波形。

步骤5:截取有效波形段。在波形左侧右击"设置开始标记",波形右侧右击"设置结束标记",被选中的波形区域呈现蓝色高亮状,如图3.13所示。

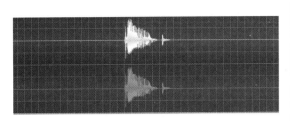
图3.12　单词"dog"的发音波形

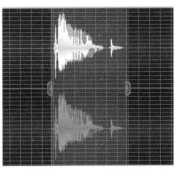
图3.13　选择波形范围

步骤6:单击快捷工具栏上的剪裁按钮" ",保留被选择的波形。

步骤7:执行"文件"→"另存为",文件名设为"dog发音",保存类型设置为MP3格式。至此,单词"dog"的发音便成功地完成录制和保存。

> 提示　录音前,先对系统音量进行调整,以录制出音量大小适当、清晰的声音。可以进行试录音,以确定录音音量的大小。系统音量并非越大越好,否则易出现爆音。

2. 录制人声

某语文教师要制作《春晓》微课,在整理素材的过程中,发现尚缺一段声情并茂的朗诵,故准备亲自用计算机录制这段音频。这里,我们通过案例来介绍如何录制人声,即麦克风的传入声。

【案例】录制诗朗诵《春晓》

步骤1:计算机接好麦克风,在任务栏右击"声音"图标,选择"录音设备"选项,在打开的"声音"窗口,设置"麦克风"选项,如图3.14所示。

步骤2:打开Goldwave软件,单击控制器上的录音按钮" ",设置录音时长为30秒,单击"确定"。

图3.14　录制麦克风传入声的设置

步骤3:通过麦克风朗诵,在编辑窗口同步呈现波形。同前一案例,朗诵完毕后,停止录音,并根据需要,对波形进行裁剪。

步骤4:执行"文件"→"另存为",文件名设为"春晓朗诵",保存类型设置为MP3格式。

> **提示** 录制人声时,最好能在专业的录音棚中进行。如果条件不允许,那么也可在安静的房间中录音。在非专业的环境中录音时,建议在录音前先录制几秒时长的空白环境噪音,以方便后期进行降噪处理。
>
> 录音时要注意拾音技巧,麦克风离嘴的距离通常保持在20厘米左右,不要左右或前后晃动麦克风,以保证音质统一。在录音过程中,还要注意音量,避免音量过大而产生爆音,以及音量过小而导致主体声音不突出。如果没有麦克风等设备,那么用智能手机录音也是可选方式。在使用手机录音时,最好切换为飞行模式,以防止电话和通信信息干扰。

(六)音频处理

1. 音量调整

录制解说声时,会经常出现音量比较小或时大时小的情况,这就需要对音量进行标准化调整。

【案例】音量调整

步骤1:用Goldwave打开录制好的音频文件。图3.15所示波形振幅比较小,说明音量比较小。

步骤2:执行"效果"菜单中的"音量"选项,选择"匹配音量"(见图3.16),可以将音频自动处理到人耳可接受、适宜的音量范围。也可以选择"更改音量",边试听边调大音量参数。调整后的音频波形如图3.17所示。

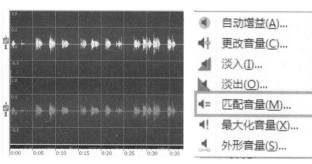

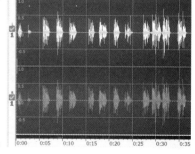

图3.15 原始音频波形　　图3.16 音量选项　　图3.17 音量调整后的音频波

步骤3:执行"文件"→"另存为",文件名设为"音量调整",保存类型设置为MP3格式。

2. 降噪

录制解说声时,环境噪声(如风扇声音、计算机电流声音等)也经常被一同记录,故需要对解说声进行降噪处理。

【案例】录音降噪

步骤1:Goldwave打开录制好的音频文件。图3.18所示波形中,0~5秒没有人声,但波形不平整,呈现锯齿状,即为环境噪音,而整段波形中皆包含这段环境噪音数据,故需要对其进行整体降噪处理。

步骤2:为环境噪音样本设置开始和结束标记,选中噪音样本(见图3.19),再执行"编辑"菜单中的"复制"命令,或执行组合键"Ctrl+C"。

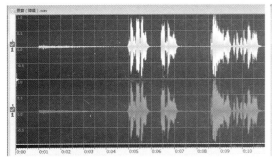

图3.18 原始有噪音的波形　　　　　　　　图3.19 选中噪音样本

步骤3:单击工具栏上的"全选"按钮,或执行组合键"Ctrl+A",选中所有波形。

步骤4:执行"效果"菜单中的"滤波器"选项,选择"降噪"(见图3.20),在降噪面板中选择"使用剪贴板"(见图3.21),单击预览按钮"▶",试听效果。

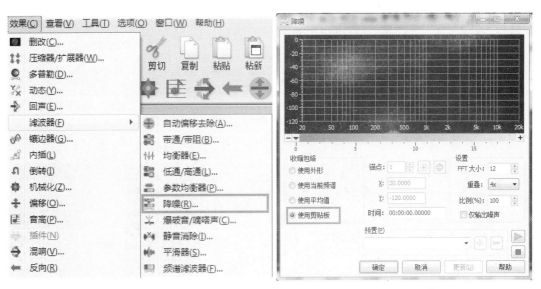

图3.20 降噪命令　　　　　　　　　　　　图3.21 降噪面板

步骤5:试听满意后,单击"确定"按钮,可将整段波形中的噪音数据清除。图3.22所示锯齿状的波形已平整,音频波形中的噪音数据已清除。

步骤6:执行"文件"→"另存为",文件名设为"录音降噪",保存类型设置为MP3格式。

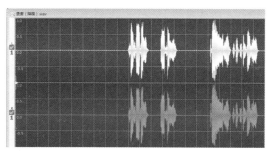

图 3.22 降噪后的波形

3. 配乐诗制作

前面介绍了录制诗朗诵《春晓》的方法,接下来,我们为这首诗朗诵添加背景音乐,制作配乐诗的效果。

【案例】《春晓》配乐诗

步骤 1:使用 Goldwave 打开已下载好的"高山流水"轻音乐及《春晓》朗诵音频。

步骤 2:选取"高山流水"音乐片段。

在此,我们截取的音乐长度比《春晓》朗诵总时长多 10 秒,为诗歌片头和片尾分别预留 5 秒,以制作淡入和淡出效果。《春晓》朗诵时长为 13 秒,故我们截取"高山流水"0~23 秒,选择该时间段,执行工具栏中的"剪裁"命令。

步骤 3:为背景音乐制作淡入和淡出效果。

按上述步骤选取"高山流水"0~5 秒,执行"效果"菜单中的"音量"命令,选择"淡入",在淡入面板中设置预置参数为"静音到完全音量,直线型",如图 3.23 所示。图 3.24 所示为执行"淡入"命令后的音频波形对比(左为原始波形,右为淡入后的波形)。

同理,选择"高山流水"的后 5 秒,即 18~23 秒,执行"淡出"命令。

图 3.23 淡入操作　　　　　　图 3.24 淡入效果波形对比

步骤 4:制作混音效果。

执行工具栏上的"全选"按钮或组合键"Ctrl+A",全选《春晓》整段波形,再单击工具栏上的"复制"按钮或组合键"Ctrl+C"复制这段波形;单击上述剪辑好的"高山流水"音乐,执行工具栏上的"混音"按钮,弹出混音面板(见图 3.25)。

将"进行混音的起始时间"设置为 5 秒,"音量"滑块可根据需要做适当调整。如果需要适当提高朗诵声音量,则可将"音量"参数调大,反之亦然。图3.26所示为混音后的效果,中间蓝色高亮状波形为朗诵声叠加到背景音乐上的效果。

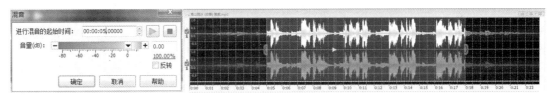

图3.25　混音面板　　　　　　　　图3.26　混音后波形图

步骤5:执行"文件"→"另存为",文件名设为"配乐诗",保存类型设置为MP3格式。

第四节　视　频　素　材

视频是一组在时间轴上有序排列的图像,当序列图像变化超过每秒24帧(Frame)画面时,根据视觉暂留原理,人眼便无法辨别单幅的静态画面了,看上去就是连续播放的动态效果。因此,视频又称为活动图像或运动图像。

一、视频格式

(一) AVI 格式

AVI(Audio Video Interleaved)是一种支持音频/视频交叉存取机制的格式。"音频/视频交叉存取"是指音频和视频数据交错存储在文件中,播放时两者同步播放。由于AVI本身的开放性,其获得大多数视频播放器的解码支持,被当作Windows系统的视频标准格式,不需要专门的解压硬件,可以实时进行解压缩。AVI格式兼容性好、调用方便、图像成像质量高,但文件过于庞大,不利于网络传输和在线播放。

(二) MPEG 格式

MPEG(Moving Picture Experts Group)类型的视频文件是指使用MPEG编码技术压缩而成的视频文件,由音频、视频和系统三部分组成,当前的压缩标准主要有MPEG-1、MPEG-2、MPEG-4三种标准。MPEG-1是针对1.5 Mbps及以下的影音数据编码标准,广泛应用于VCD的制作和网络视频传播中。MPEG-2是针对3~10 Mbps的影音数据编码标准,应用在DVD的制作、高清电视和一些高性能视频编辑处理上。MPEG-4是为播放流式媒体的高质量视频而专门设计的,主要应用目标为数字电视、交互式图形应用和交互多媒体等,可以利用很窄的带度,通过帧重建技术压缩和传输数据,以求使用最少的数据获得最佳的图像质量。

（三）RM/RMVB 格式

RM（Real Media）是 Real Networks 公司开发的流媒体文件格式，可以在数据传输过程中边下载边播放，可实现低速率网络中影像数据的实时传送和播放，具有文件小却比较清晰的特点。

RMVB（Real Media Variable Bitrate）是由 RM 视频格式升级而成的视频格式，特点是静止和动作场面少的画面场景采用较低的编码速率，可在保证静止画面质量的前提下，大幅度提高运动图像的画面质量，在图像质量和文件大小间实现了较好的平衡。

（四）ASF 格式

ASF（Advanced Streaming Format）是微软公司推出的流媒体格式，可使用 Windows 自带的 Windows Media Player 播放，采用 MPEG-4 压缩算法，压缩率高、图像质量好、体积小，适合网络传输。

（五）WMV 格式

WMV（Windows Media Video）是微软推出的一种流媒体格式，可在网上实时观看视频节目，由 ASF 格式升级而来。同等视频质量下，WMV 格式的文件非常小，适合网络传输和播放，主要优点包括本地或网络回放、可扩充的媒体类型、可伸缩的媒体类型、多语言支持、环境独立性及扩展性等。

（六）FLV/F4V 格式

FLV（Flash Video）是 Adobe 公司推出的网络流媒体视频格式，由 Flash MX 衍生而来，文件小、加载速度快。一分钟 FLV 视频的文件大小在 1 MB 左右，一部电影在 100 MB 左右，仅是普通视频的 1/3。FLV 格式目前在 YouTube、Yahoo！Video 和 MOOC 学习平台等各大视频分享网站中广为使用，是目前网络中增长最快、应用最广的视频传播格式。

F4V 是 Adobe 公司为了迎接高清时代而推出的、继 FLV 格式之后的支持 H.264 的流媒体格式。它和 FLV 主要的区别在于，FLV 格式采用的是 H.263 编码，而 F4V 则支持 H.264 编码的高清晰视频，码率最高可达 50 Mbps。目前主流的视频网站，如爱奇艺、土豆和酷 6 等都开始使用 F4V 文件。

（七）3GP 格式

3GP（the 3rd Generation Partner Project）是手机常见的一种视频格式，是 MP4 格式的一种简化版本，为了配合 3G 网络的高传输速度而开发，较小的储存空间和较低的带宽需求，使用户能使用手机享受高质量的音频、视频等多媒体内容。

（八）MOV 格式

MOV（QuickTime Movie）是苹果公司创立的音频、视频文件格式，具有较高的压缩比和较完美的视频清晰度,具有跨平台、压缩效率高、支持网络流媒体播放等优点,是一种优良的视频编码格式。

二、视频素材的获取

微课中的视频用于再现真实场景,通过视频采集,可以从不同视频源获取视频素材,通过编辑加工以符合微课的播放要求。视频信息的获取主要有以下几种方式。

(一)互联网下载

由于视频文件较大,一般使用迅雷、网络蚂蚁、网际快车等下载工具进行下载。在线视频目前多为FLV格式文件,一些著名的视频网站提供了专门的下载工具,如爱奇艺、优酷网、土豆网等网站都提供了在线视频下载和转换的工具。

这里以下载"二氧化碳实验"视频为例,介绍两种简单易用的下载工具,分别是火狐浏览器(Firefox)、硕鼠FLV视频下载器。

【案例】火狐浏览器下载网络视频

步骤1:在Firefox(本例用的Firefox软件版本为68.0.2)中单击"工具"菜单,打开"附加组件",如图3.27所示。

步骤2:单击浏览器左侧的"推荐",搜索框里输入"video",执行后,会出现和视频组件相关的所有搜索结果,这里我们选择一款使用人数较多、评价较高的组件"Video DownloadHelper",如图3.28所示。

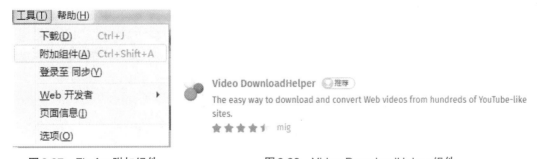

图3.27　Firefox附加组件　　　　图3.28　Video DownloadHelper组件

步骤3:将组件通过图3.29所示的"添加到Firefox"按钮添加至浏览器中。安装完毕后,工具栏上新增了一个组件图标,默认是灰色非活动状态,如图3.30所示。

图3.29　添加新组件　　　　图3.30　工具栏上新添加的组件按钮

步骤4:在百度视频里搜索"二氧化碳实验",选择一个视频并播放。在其播放的同时,工具栏上"Video DownloadHelper"组件呈现彩色活动状态,通过该组件下方的下载选项,可下载当前正在播放的视频,如图3.31所示。

步骤5:工具栏上的"显示下载进度"里,可打开查阅已下载结束的视频,如图3.32所示。

　　图3.31　视频下载　　　　　　　　　图3.32　视频下载结束

> **提示**　该组件并不能识别所有网站的视频,有些加密的视频不可以下载。另外,如爱奇艺、优酷网、土豆网等网站的视频需要专门的下载工具。

【案例】硕鼠下载网络视频

步骤1:将欲下载的视频URL地址复制粘贴至硕鼠下载器的搜索栏,单击窗口标题按钮下方的"解析本页视频",如图3.33所示。

图3.33　输入网络视频地址

步骤2:在弹出的对话框中,选择"用硕鼠下载该视频"。跳转页面后,在选择下载方式中选择下载方式一"硕鼠专用链下载",如果该方式无法下载,那么选择下载方式二"获取临时下载器(免安装)",如图3.34所示。

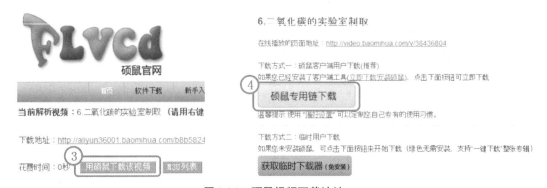

图3.34　硕鼠视频下载地址

步骤3:在弹出的"添加新任务"对话框中,选择存储位置和勾选相关选项后,点击"确定",如图3.35所示。

第三章 微课素材的获取

图3.35 下载视频的储存位置

步骤4：在"硕鼠Nano"工具栏选项中勾选下载视频的相关选项（见图3.36），如自动合并分段视频、开启右下角弹窗提示等。下载完成后，在"已下载"列表中，右击"打开文件所在目录"，便可查阅已下载的视频。

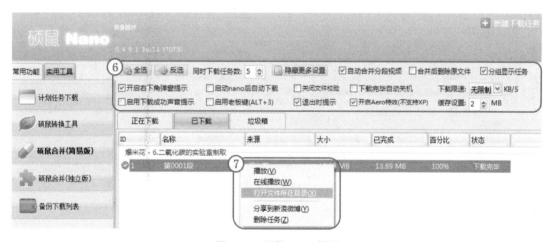

图3.36 硕鼠Nano界面

（二）录屏捕捉

在搜集微课视频素材时，有时会遇到只需截取某完整在线长视频中一小段的情形，如果采用下载法，那么可能会耗费较长时间，且下载完毕后，还需对视频进行剪辑。此时，采用录屏捕捉法是较适宜的选择。

如某教师在制作"景别介绍"这节微视频时，需要使用电影《千里走单骑》中的某段画面作为素材，该电影全长103分钟20秒，需要截取79分23秒～81分26秒的视频。接下来，采用前文中介绍的FastStone Capture工具录制这段视频。

【案例】FastStone Capture捕捉视频
步骤1：将在线视频《千里走单骑》拖放并暂停至79分23秒前数秒位置。

步骤2：打开FastStone Capture，选择"屏幕录像机"选项，如图3.37所示。

图3.37　捕捉选项

步骤3：在弹出的"屏幕录像机"窗口中，设置"录制屏幕"为"全屏"（不含任务栏），"录制音频"为"扬声器"（您听到的声音），如图3.38所示。单击"录制"按钮后，显示快捷键、视频及音频等参数信息，如图3.39所示。单击"开始"按钮，即可进行录制。

图3.38　屏幕及音频设置

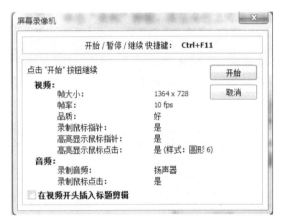

图3.39　录制参数

步骤4：播放步骤1中的在线视频《千里走单骑》，直到81分26秒或后几秒，执行组合键"Ctrl+F11"，停止录频，保存该视频片段并命名为"千里走单骑片段"，默认为WMV格式。

步骤5：通过FastStone Capture中的"编辑"按钮，打开录制的视频，删除头尾多余片段。图3.40所示为删除头部3秒处的片段，保存时，剪切的片段将被移除。

图3.40　剪辑操作

> **提示**　录制视频片段时，可在预先计划的起点前和终点后均多录制一部分内容，再通过剪辑来删除头尾多余画面。如在视频起点和终点处，鼠标需要执行点击"暂停/播放"按钮、最大化窗口等动作，可以通过剪辑删除。

（三）素材库

同上一节，光盘和云盘素材库也是获取视频素材的方式之一。

（四）视频捕捉卡采集

视频捕捉卡（Video Capture Card）的作用是将有线电视、录像机等输出的视频信号采集下来，并转换成数字视频数据存储在计算机中。视频捕捉卡的外观如图3.41所示，这一方法的缺点是硬件投资较多。

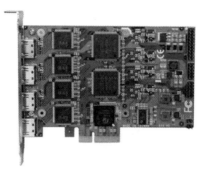

图3.41　视频捕捉卡

第五节　动画素材

动画是利用人的视觉暂留特性，快速播放一系列静止画面而形成的连续运动变化的图形图像。动画能够生动形象地表现比较抽象、难以理解的教学内容，合理使用动画可以达到事半功倍的效果。

一、动画格式

微课中常见的动画有GIF动画和Flash动画。

（一）GIF格式

GIF格式的动画在课件制作中比较常见，在前文图像格式中已做介绍，在此不再赘述。

（二）SWF格式

利用Flash可以制作出一种后缀名为SWF的动画，SWF动画是基于矢量技术制作的，不管将画面放大多少倍，画质都不会失真。SWF动画以其高清晰度的画质和较小的容量，受到了微课制作者的青睐。

二、动画素材的获取

微课动画素材的获取主要有以下几种方式。

（一）互联网下载

GIF格式的动画在前文"图片素材的获取"中已做介绍,在此不再赘述。这里介绍使用快车资源探测器下载SWF格式的动画文件。

【案例】快车下载Flash动画

步骤1:打开快车FlashGet 3.7,执行"工具"→"快车资源探测器",如图3.42所示。

图3.42　打开快车资源探测器

步骤2:打开"快车资源探测器"(见图3.43),设置其类型为".swf",点击"保存"按钮,并将Flash动画的在线地址复制到地址栏中(本例引用的资源的地址为:http://www.zsy8.com/news_detail.php? id=58&nowmenuid=52&cpath=&catid=0)。

图3.43　快车资源探测器界面

步骤3:在探测显示的SWF文件中,右击"使用快车下载",弹出下载对话框,可设置文件名及下载路径等属性。下载完毕后,可在快车"完成下载"中查看文件。如图3.44所示。

图3.44 快车下载

（二）素材库

同上一节,光盘和云盘素材库也是获取动画素材的方式之一。

第四章　微课制作技术

微课有多种呈现形式,计算机录屏式微课因其具有制作简单、容易上手和使用方便等特点,受到广大微课制作者的青睐,本章主要介绍录屏式微课常采用的两种工具 PowerPoint 和 Camtasia。

第一节　微课件制作工具——PowerPoint

微课件是微课的核心要素,是微课主题、教学目标、教学内容和教学方法的具体体现。微课有各种各样的呈现形式,在教学过程中,教师常采用"PPT 课件+录屏"的微课制作方式。因此,本节我们以 PowerPoint 为基础,介绍高质量的微课件制作方法。

一、PPT 可视化要素

PowerPoint(简称为 PPT)由"Power"和"Point"组成,英文原意是"重点"或"要点"。因此,PPT 课件的设计要简洁、突出重点。如何合理组织并设计课件的可视化要素,是微课制作者必须具备的基本素质。

(一)版面

一个优质的微课件,首先版面设计应使人赏心悦目,界面布局简洁明快、结构合理、主题突出、色彩柔和,让学习者获得美的享受,这就要求课件制作者具有一定的美学知识和审美情趣。

为了能使 PPT 课件具有统一的整体风格,使用 PPT 模板是绝大部分微课制作者的首选。模板包含版式、主题颜色、主题字体、主题效果、背景样式等,使用模板设计课件既可以使幻灯片风格统一有序,也可以简化制作过程,提高制作效率。如图 4.1 所示。

PPT 课件排版有六条设计原则:对齐、提炼、聚拢、强调、降噪和留白。前文已经对微课的一些设计原则进行了总体阐述,下面介绍在 PPT 中排版的具体原则。

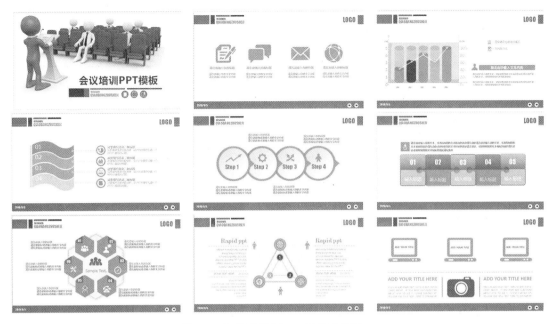

图 4.1 幻灯片模板——整体风格统一

1. 对齐原则

对齐原则指的是确保某两个元素基于某一位置的直线对齐。常用的对齐方式有：左对齐、居中对齐和右对齐，如图 4.2 所示。对齐可使页面中的内容产生逻辑联系，建立一种清晰、精巧且清爽的外观。

（1）左对齐：左对齐是最常见的对齐方式，是将版面中的元素以左为基准对齐。左对齐简洁大方，利于阅读，在PPT课件中常用于正文过渡页。

（2）居中对齐：居中对齐是将版面中的元素以页面中线为基准对齐。居中对齐给人一种舒服且稳定的感觉，在PPT课件中常用于封面和结束页，及特定题材的文字，如古诗。

（3）右对齐：右对齐是将版面中的元素以右为基准对齐，阅读较费力。右对齐一般用于一些小的细节中。

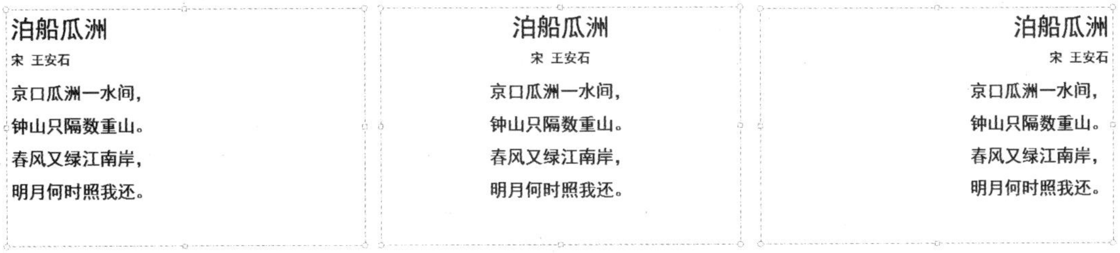

图 4.2 对齐原则示例

2. 提炼原则

提炼指的是只留关键词，去掉修饰性的形容词、副词等，或者用关键词组合成短句子，直接表达页面主题。制作PPT课件时要对文字做提炼处理，以起到要点强化、文字简练、重点突出的效果。一个内容精练、观点鲜明、言之有物的课件才会在简短的时间里,有效地吸引学生的注意力。图4.3所示为幻灯片进行提炼修改的前、后效果。

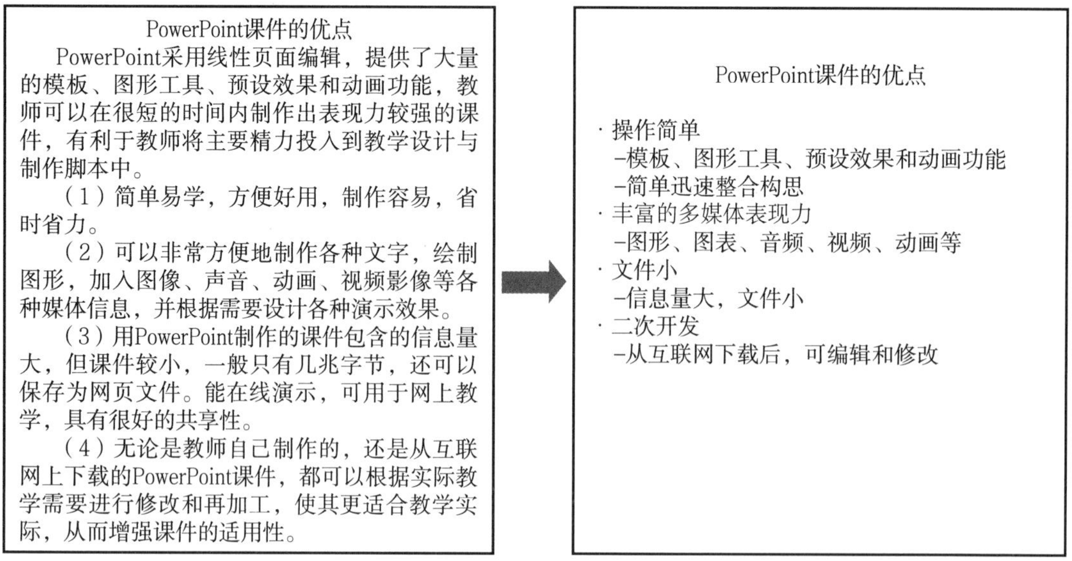

图4.3 提炼原则示例

3. 聚拢原则

聚拢原则指的是将内容分成几个区域,相关内容都集中在一个区域内。段间距应该大于段内的行距。图4.4所示为幻灯片进行聚拢操作排版的前、后效果。

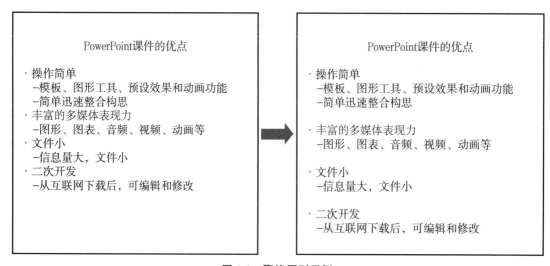

图4.4 聚拢原则示例

4. 强调原则

强调原则指的是加大不同元素的视觉差异。这样方便读者集中注意力阅读某一个子区域,通常对标题或正文中需要重点突出的关键词进行加粗、变色等处理。图4.5所示为幻灯片进行强调操作排版的前、后效果。

图4.5 强调原则示例

5. 降噪原则

如果幻灯片上到处塞满文字、图片、剪贴画、图表等元素,那么它们都会成为分散学习者注意力的"噪音",造成对学习者的干扰,使其无法在最短时间内吸收演示内容。对这类幻灯片进行改造的主要手段是"降噪",删除无关内容,只保留有价值的信息。幻灯片上的混乱元素越少,提供的视觉信息就越直观。图4.6所示为对图片进行降噪。

图4.6 降噪原则示例

6. 留白原则

密密麻麻的编排很难让受众视野聚集、大脑思考。设计时的适当留白可以让受众眼睛得到适当休息。每页只有一个主题,页面大致留出1/3的空白(上下左右都要留白),标题、文字、图的四周也应留有适当的空白。图4.7所示为幻灯片进行留白操作排版的前、后效果。

图4.7 留白原则示例

（二）文字

文字是微课件的重要组成部分，不能直接在幻灯片上输入文字，只有在文本占位符或插入的文本框中才能输入文字。文字不仅要清晰明了地表达教学内容，还应具有视觉上的舒适感，简洁而富有感染力的文字是制作优秀PPT课件的前提。

1. 字体

字体是文字的书写形式，不同字体具有不同的特点和应用场合。正确选择字体，不仅关系到课件画面的艺术效果，还会直接影响学习者的阅读效果。课件中的常用中文字体主要有黑体、微软雅黑、宋体、仿宋、楷体等，如图4.8所示，英文字体主要有Times New Roman、Arial等。课件中的字体不能太多，一般不超过三种，多了会给人凌乱的感觉。

图4.8 课件中常用的中文字体效果

（1）黑体（包括微软雅黑）笔画单纯、粗细一致、结构严谨、庄重有力、朴素大方、引人注目、视觉效果强烈，通常用于标题等醒目的位置。

（2）宋体（包括仿宋）笔画纤细，风格典雅、工整、严肃、大方，不适合做标题，常用于正文。

（3）楷体笔画富有弹性、挺秀均匀，字形端正，给人轻松、活泼之感，适用于说明性文字。

> 提示　为了保证制作的PPT课件可以在其他计算机上正常显示和播放，应尽量使用常见的系统字体。若使用第三方字体，则应把字体嵌入至PPT课件中。

2. 字号大小及行数

从标题到正文，字号应由大到小，标题字号不小于正文字号。标题一般用44号，一级文本32号，二级文本28号。行数遵循数字"7"原则，即每张幻灯片尽量不超过7行，每项标题最多7个字。每行文字以20~25个为宜，行距应在1.3~1.5倍。

3. 颜色

文字和背景颜色搭配的原则是醒目、易读，还要避免视觉疲劳。赏心悦目的课件色彩搭配需要微课制作者了解色彩的基础知识。色彩分为无彩色和有彩色两类。

1）无彩色

无彩色包括黑色、白色和灰色，这三种颜色是最基本、最简单的搭配，并且比较和谐。白底黑字、黑底白字或者这两种颜色与其他纯度的有彩色搭配，都可以产生很强烈的对比。灰色是中性色，可以和任何色彩搭配，也可以帮助两种色彩实现过渡。

2）有彩色

有彩色是指无彩色以外的颜色，以可见光谱中的红、橙、黄、绿、青、蓝、紫七种色为基本色。基本色之间不同量的混合，以及与黑、白、灰之间不同量的混合，可以产生上万种有彩色。

有彩色按照光谱的顺序排列，可形成一个圆形，称为色环。色环可分为12色环和24色环。根据有彩色在色环上的角度变化，有彩色可分为六种类型：同类色、类似色、邻近色、中差色、对比色和互补色，它们在色环上的间隔角度如下：

(1) 同类色：15°以内，色相的最弱对比，对比单纯、稳定，主调明确；
(2) 类似色：30°左右，色相的弱对比，对比和谐统一，能区别冷暖；
(3) 邻近色：60°左右，色相的中对比，对比丰满、活泼；
(4) 中差色：90°左右，色相的强对比，对比效果较明快；
(5) 对比色：120°左右，色相的强对比，对比更鲜明、强烈、饱满、欢乐、活跃；
(6) 互补色：180°左右，色相的最强对比，对比强烈、鲜明、充实、有运动感。

以24色相环为例，以蓝色(C:100)为基色，给出了色相环上蓝色的同类色、类似色、临近色、中差色、对比色和互补色(见图4.9)。

课件中的背景色与文字颜色对比越大，文字则越清晰。然而考虑到微课件需要近距离学习，故一般以较柔和的对比色为主，不仅可以突出重点，产生强烈的视觉效果，还可以减少视觉疲劳。图4.10以蓝色(C:100)为背景色，可将字体颜色设置为色环120°位置上的对比色黄色，也可设成白色。

（三）图片

设计领域流传这么一句话："文不如字，字不如表，表不如图。"这句话很好地表达了图片在信息传达中的强大作用。图形和图像是微课中常使用的图片形式，本节介绍图片在PPT课件中的可视化表达方式。

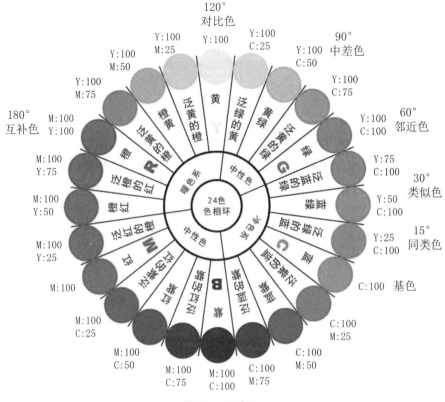

图4.9 24色环

图4.10 文字配色范例

1. 图形

图形即前文所述的矢量图形,无论放大、缩小或旋转等,图形都不会失真。PPT课件中常用的图形包括形状、艺术字和剪贴画等。

1)形状

在课件中,教师常常要绘制一些图形或图示去辅助讲解。PPT提供了功能强大的绘图工具,执行"插入"→"形状",可打开形状样式列表(见图4.11),其中包含线条、矩形、基本形状、箭头、公式形状、流程图、星与旗帜、标注和动作按钮等9大类,共计175种自绘形状。

教师利用图形的组合和叠加,可以将教学中的抽象对象形象化,如板书设计、几何图形、物理化学实验示意图和流程图等,如图4.12所示。

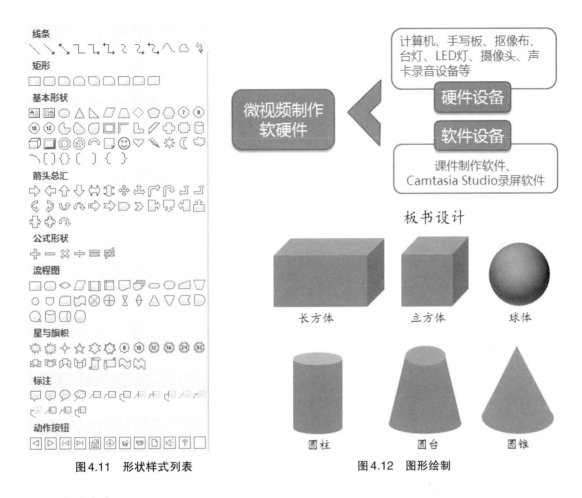

图 4.11　形状样式列表　　　图 4.12　图形绘制

2) 艺术字

为了使微课具有较好的艺术性,常常需要在课件的封面(标题)和封底(致谢)中应用各类艺术字。PPT中的艺术字是种特殊的图形,兼具文字和图形的特点,既可以对文字进行编辑及属性设置,也可以进行图形的某些属性设置,如设置缩放、三维、映像等效果。

执行"插入"→"艺术字",打开艺术字样式列表,单击需要的样式,在幻灯片中输入文字,即可应用选中的样式,如图4.13所示。也可以选中普通文本,单击"格式"→"艺术字样式"组中的一个艺术字样式,快速地将普通文本转化为特定样式的艺术字。

艺术字是作为图形对象嵌入幻灯片中的,用户可以将其作为图形对象进行处理。选中艺术字文本框后,可以从"艺术字样式"组中的艺术字字库中选择新的艺术字样式,或者设置右侧的"文本填充""文本轮廓""文本效果",实现自定义艺术字样式效果。图4.14为对艺术字进行描边样式的自定义效果。

3) 剪贴画

剪贴画也是PPT课件中的图形来源之一,我们需要的一些课件元素,如人、树、云朵、地球、汽车等,可取自剪贴画。执行"插入"→"剪贴画",页面右侧会出现"剪贴画"窗格。例如,在"搜索文字"栏中输入关键词"人"并进行搜索,点选一张图,这张图会自动加入当前页面。可根据需要,调整剪贴画尺寸,如图4.15所示。

图4.13 应用艺术字样式

图4.14 自定义艺术字

图4.15 插入剪贴画

如果需要对人物图形进行编辑,制作人物剪影效果,则需要进行如下操作。

【案例】制作人物剪影效果

步骤1:选中图片,右击"编辑图片",弹出对话框(见图4.16),单击"是"按钮。

步骤2:选中转换后的图形,进行分离:右击"组合"→"取消组合",可看到这张图片是由若干小图片拼成的,如图4.17所示。此时可以将不需要的背景删除,得到一个干净的人物图像,再将单个人组合起来,如图4.18所示。

步骤3:选中此幅剪贴画,在"绘图工具"→"格式"选项卡中单击"形状填充"选项,使用最传统的黑色填充,就能得到剪影效果,如图4.19所示。

图4.16 剪贴画转换为图形对象

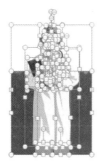
图4.17 分离剪贴画

图4.18 组合剪贴画

图4.19 人物剪影

2. 图像

图像是PPT课件中必不可少的元素,可通过"插入"→"图片"来实现。使用图像时要遵循一定原则,并可适当进行编辑加工,以准确地传达教学信息。

1) 使用原则

图像常用来传达教学信息或用作课件背景,在使用时要遵循以下原则:

(1) 清晰美观。课件中的图片要清晰美观,一方面,避免因素材自身的限制或者兼顾排版,而对图片进行单方向拉伸,导致图片变形失真;另一方面,避免因原始图片像素较低,图片放大后,出现模糊化、像素化现象。图4.20所示的眼睛图片十分模糊,既造成了细节信息的损失,又降低了课件的观赏性,不能起到吸引学生注意力的作用。

(2) 主题相关。套用模板已经成为多数PPT课件制作者的常见做法,可以为课件生成风格统一的背景,但不是每一个模板都能跟教学主题匹配。在图4.21中,当前课件页面的主题为水果,但背景却是和主题没有关联的图片,背景此时便变成了教学的多余信息,甚至是干扰信息。

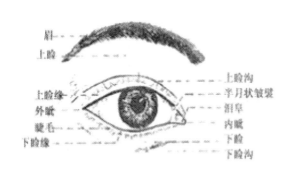
图4.20 像素低的图像

图4.21 主题不相关的图像

(3) 风格统一。图片类型多种多样,不经考虑一股脑儿往PPT课件上粘贴的话,最后可能会生成一个杂乱无章的"大杂烩"课件。不管素材有多少,图片的类型和排版方式应该有一个统一的风格。在图4.22中,左图采用写实风格的图像,右图采用卡通风格的图像,风格不统一,给人以混乱的感觉,缺乏美感。

图4.22 风格不统一的图像

（4）去粗存精。从网上下载的图片往往带有水印或者日期等信息，如图4.23所示。这些信息对于教学来说是多余的，甚至会产生干扰，建议使用Photoshop工具对水印进行处理。

图4.23 有水印的图像

2）图像加工

PowerPoint 2013提供了强大的图像处理功能。在幻灯片中双击需要处理的图片，会出现图4.24所示的"图片工具"→"格式"选项卡，在此可以对图片进行删除背景、颜色、艺术效果、图片样式、裁剪等操作。

图4.24 图片格式选项卡

（1）裁剪。很多图像因为包含太多信息或者太大，所以不能直接使用，需要将重点表达的信息提炼出来。PPT的裁剪功能可以通过删除图片的垂直或水平边缘来改变图片的大小，以隐藏或修剪图片的某一部分，突出主要部分。

选中图像，执行"图片工具"→"格式"→"裁剪"，拖动控制手柄选择保留区域，再单击"裁剪"按钮即可完成裁剪，如图4.25所示。

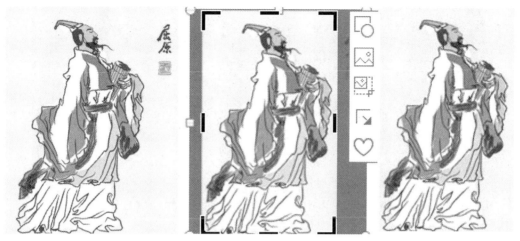

图4.25　图片裁剪效果

（2）删除背景。一般从网上下载的图片都有一个不透明的背景，常常会遮挡课件上的其他内容，破坏整个课件的协调。针对纯色、和前景色对比较大的背景色，可使用PPT自带的删除图片背景功能进行清除。

选中图像，执行"图片工具"→"格式"→"删除背景"，并使用"标记要保留的区域"，然后单击"保留更改"，即可完成删除背景任务，如图4.26所示。

图4.26　删除背景效果

（3）效果调整。PowerPoint 2013提供了23种艺术效果，简化了图片美化的步骤，其图像艺术效果类似Photoshop的滤镜效果，通过简单设置，就能生成媲美Photoshop的专业特效，如图4.27所示。

图 4.27 图像艺术效果

（4）图片样式。PowerPoint 2013 提供了多种图片样式，如快速样式、图片边框、图片效果和图片版式等，如图 4.28 所示。

图4.28　图片样式

快速样式提供了将颜色、阴影和三维效果等格式设置功能集合在一起的28种样式。图片边框可用于设置图片边框的颜色、粗细和类型等。图片效果提供了阴影、映像、发光、柔化边缘、棱台、三维旋转等6种特定视觉效果的设置。图片版式是一种图文结合模式,使图文一致。

单击要添加效果的图片,执行"图片工具"→"格式"→"图片样式",可将所选样式应用于选定的图片。为图像添加样式效果,可以增强课件画面的艺术性,提升吸引力。

（四）图表

在需要展示大量数据及逻辑关系时,宜使用图表表达,并辅以必要的文字说明来进行可视化阐释。图表可以将枯燥的数据整理、转换成直观的图形,形象地呈现给用户。

使用图表要遵循以下原则:图表要服务于内容,只在需要的时候使用;不过多堆积图表,每张图表都能表达一个明确的信息;一页课件以放置一个主要图表为宜;图表要简洁地展示有意义的数据。

PPT课件中的图表可以分为数据类图表和概念类图表。数据类图表包括柱形图、折线图、饼图、条形图等,执行"插入"→"图表",可选择相应的数据类图表类型,如图4.29所示。概念类图表包括列表、流程、循环、层次结构、关系等类型,每种类型又都包含了多种不同布局和结构的图形,执行"插入"→"SmartArt",可选择相应的概念类图表类型,如图4.30所示。图4.31和图4.32分别展示了折线图应用范例和循环图应用范例。

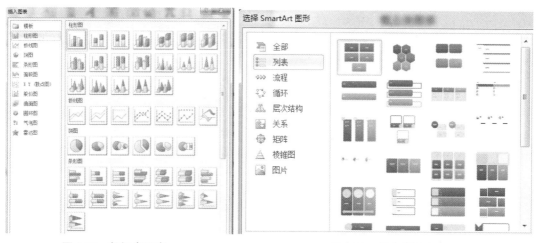

图4.29　数据类图表　　　　　　　图4.30　概念类图表

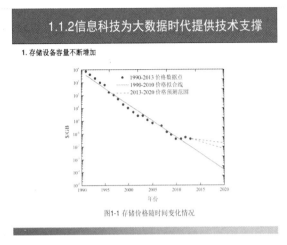
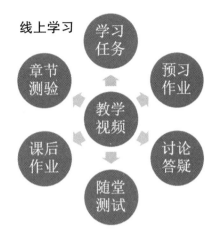

图 4.31　折线图应用范例　　　　　图 4.32　循环图应用范例

（五）音频

PPT 支持 WAV、MP3、WMA 等十多种音频格式，在 PPT 课件中插入音频的方法为："插入"→"媒体"→"音频"，在弹出的下拉列表中选择"文件中的音频"命令，打开"插入音频"对话框，选择相应路径下的音频文件，单击"插入"按钮，即可将其插入幻灯片。此时幻灯片上会出现一个小喇叭图标，表示音频文件已经插入幻灯片。单击该图标，就会出现播放控制条，如图 4.33 所示。

课件中用到的音频素材主要有听读、背景音乐和音效。

1. 听读

在英语课件中，教师经常需要插入单词发音来带领学生听读。图 4.34 所示的 PPT 课件应用上述方法，教师在单击英语单词右边的小喇叭图标后，即可播放对应的发音。

图 4.33　插入幻灯片中的音频图标　　　　图 4.34　英语单词听读

2. 背景音乐

默认情况下，插入幻灯片的音频在切换到下一张幻灯片时会自动停止播放。如果音频作为背景音乐需要在退出演示文稿前能够一直播放，那么需要将背景音乐设置为循环播放及跨幻灯片播放。

以《泊船瓜洲》PPT课件为例,这个课件包括9张幻灯片,先在第一张幻灯片上插入背景音乐文件,再选中小喇叭图标,在"音频工具"→"播放"选项卡的"音频选项"组中勾选"放映时隐藏"和"循环播放,直到停止"复选框,音乐便可循环播放,如图4.35所示。然后,执行"动画"→"高级动画"→"动画窗格"(见图4.36),单击"效果选项"。在"播放音频"对话框中,设置"停止播放"属性,如图4.37所示。如此设置以后,背景音乐就可以从当前幻灯片开始一直播放,直到9张幻灯片全部播放完为止。

图 4.35　设置音频循环播放

图 4.36　动画窗格

图 4.37　"播放音频"对话框

3. 音效

在课件中,为了强调某些内容或者吸引学生的注意力,可以为对象添加一些音效,如幻灯片切换声音或动画提示音等。图4.38和图4.39所示分别为幻灯片切换和自定义动画的对象添加音效的方法。

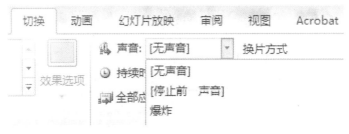

图 4.38　幻灯片切换音效

图4.39 自定义动画音效

> **提示** 不管是幻灯片切换音效,还是自定义动画音效,除了选择系统提供的一些声音效果外,还可以自定义声音效果,但是这里的声音文件只支持WAV格式。

(六) 视频

PPT支持WMV、AVI、MP4、MPG和MPEG等常见格式的视频文件。在PPT课件中插入视频的方法为:"插入"→"媒体"→"视频",在弹出的下拉列表中选择"文件中的视频"命令,打开"插入视频文件"对话框,选择相应路径下的视频文件,单击"插入"按钮,即可将其插入幻灯片。此时幻灯片上会出现视频缩略图图标,单击该图标,下面会出现播放控制条。视频文件的播放窗口的大小和位置是可调的。拖动边框上的控制柄,可改变视频播放窗口的方向和大小,单击幻灯片中的视频对象,可在幻灯片中播放及预览视频文件,如图4.40所示。插入视频文件后,还可对视频样式进行设置,如视频画面的大小、视频文件的颜色、视频的外观效果等,具体设置方法类似图片样式设置,不再赘述。

图4.40 插入幻灯片中的视频

（七）动画

PPT课件的动画设计包括两个方面：一是幻灯片的切换动画效果；二是为幻灯片上的元素自定义动画效果。

1. 幻灯片切换动画

幻灯片切换动画是指在演示期间从一张幻灯片切换到下一张幻灯片时，在"幻灯片放映"视图中出现的动画效果，用户可以设置幻灯片切换的效果、速度和声音等，如图4.41所示。

图4.41　幻灯片切换功能区

单击某张幻灯片缩略图，在"切换"选项卡中选择幻灯片的切换效果，即可将动画效果应用于当前幻灯片；若点击"全部应用"，则可将动画效果应用于当前全部幻灯片。

2. 元素自定义动画

为幻灯片上的元素添加动画效果，一般可以按照如下步骤进行：定义动画类型、设置动画同步方式、设置动画效果、设置动画持续时间，如图4.42所示。

1）定义动画类型

图4.42　自定义动画功能区

在幻灯片编辑区选中需要添加动画效果的对象，切换到"动画"选项卡，执行"添加动画"，打开"动画窗格"，即可在动画窗格显示自定义动画列表。

PPT提供的动画效果包括进入、强调、退出和路径四大类。

(1) 进入动画：对象出现的方式。

(2) 强调动画：对象变化的方式，如大小、颜色、闪烁等。

(3) 退出动画：对象消失的方式。

(4) 路径动画：动画运动的路径。

2）设置动画同步方式

"动画窗格"面板中可以设置动画的同步方式，包括"单击开始""从上一项开始""从上一项之后开始"，如图4.43所示。

(1) 单击开始:单击后,动画才开始播放。
(2) 从上一项开始:与上一动画同时播放。
(3) 从上一项之后开始:上一动画播放完毕再开始播放此动画。

3) 设置动画效果

为幻灯片中的元素添加动画效果以后,通过"动画窗格"→"效果选项"可以进一步设置声音等动画效果和细节,如图4.44所示。

图4.43 动画同步方式　　　　　图4.44 动画效果

4) 设置动画持续时间

为幻灯片中的元素添加动画效果后,选中该对象,可以在"动画窗格"面板中选择"计时"命令,也可在"动画"选项卡的"计时"选项组中,设置动画的持续时间和延迟时间(见图4.45)。

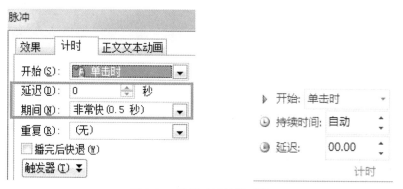

图4.45 设置动画持续时间

提示 针对不同元素使用相同的动画效果时,执行"动画"→"高级动画"→"动画刷",可轻松快速地复制动画效果。

二、PPT插件工具

"工欲善其事,必先利其器",利用PPT插件可以高效生成优质的微课件,取得事半功倍的效果。常用的PPT插件有美化大师、OneKey Tools和口袋动画。

(一)美化大师

教师在制作课件时,经常为寻找模板和素材而发愁,网络上的模板和素材有的需要注册,有的需要付费,还有的需要海选,而PPT内置的模板版面呆板、布局单一、自带素材不足。PPT美化大师,为用户提供了丰富的PPT模板和素材,且具有一键美化的功能。

1. 安装美化大师

百度搜索关键词"PPT美化大师",或者直接输入网址http://meihua.docer.com/,可免费下载并安装该插件。安装完毕后,点击"开始体验"(见图4.46),即可打开PPT程序。PPT的菜单选项卡上则多出了一个"美化大师"的选项卡,选项卡下方及侧边栏也会多出一排功能选项,如图4.47所示。

图4.46　PPT美化大师"开始体验"界面

2. 使用美化大师

美化大师必须在计算机连接互联网时才能运行。美化大师内置了精选模板800多套、正文图示3000多张、图片形状10000多个。

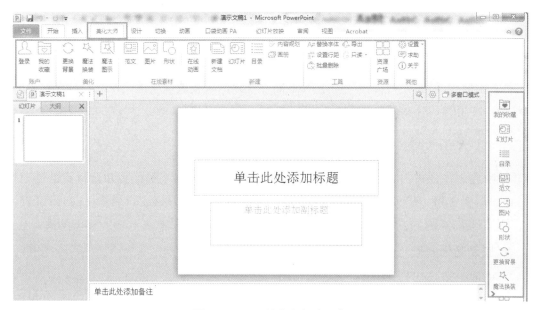

图 4.47　PPT 美化大师选项卡

1）模板

执行"美化大师"→"内容规划",在图4.48所示的界面中输入标题、目录、章节内容和正文内容等,可以自动生成风格统一的PPT课件。

单击"更换背景",会出现800多套在线模板,用户可在相应类别下选择所需风格,也可输入关键字进行搜索。选中需要的模板后,点击右下角的"套用至当前文档"按钮,即可完成更换模板的操作,如图4.49所示。

图 4.48　PPT美化大师的内容规划　　　　图 4.49　PPT美化大师的背景模板库

2）图示

图示可将具体的文字内容可视化,直观地表达出内容的逻辑性。执行"美化大师"→"幻灯片",会出现3000多种正文图示、图表,如图4.50所示。点击右下角的"＋",插入时可将模板颜色调整为与课件整体颜色一致;点击"✿",插入时可保留模版原始颜色。

图4.50　PPT美化大师的图示模板库

3）图片形状

PPT课件里经常需要加一些透明背景元素,点击"美化大师"→"图片",可显示9个类别共7000多张PNG图片素材,还可以按关键词搜索。找到合适素材后,单击图片右下角的"+"号,即"插入图片"命令,即可将图片插入PPT,如图4.51所示。

执行"美化大师"→"形状",可显示3000多种ICON矢量图标,如图4.52所示。矢量图标可以变大、变小、变色,有效地为PPT课件增色,并使信息可视化,引导学生学习。

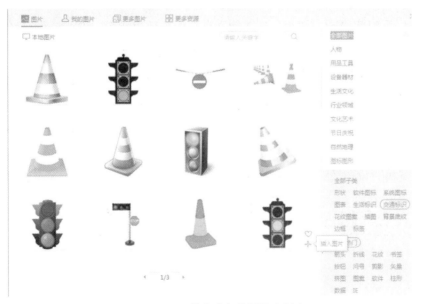

图4.51　PPT美化大师的图片素材库

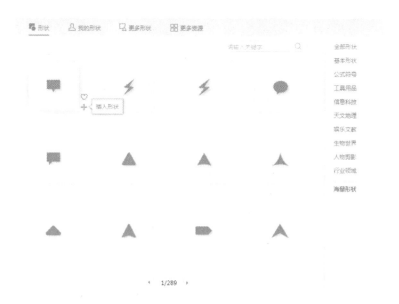

图 4.52　PPT美化大师的形状素材库

美化大师中还能提供其他神奇的功能,如执行"魔法换装",PPT会自动更换不同色调、不同风格的模板;执行"资源广场",可出现多种来自设计大师的资源分享,作为原生资源的补充,用户可根据需要收藏资源。

（二）OneKey Tools

图片是课件的重要组成部分之一。对于教师而言,除了要具备搜索优质图片素材的能力之外,还应掌握对图片进行再加工的技能。专业的图片处理软件学习周期较长,难度较大,不易掌握;而PPT自带的图片处理功能又存在图片效果较少、不能进行批量化处理等局限性。在此,介绍一种PPT插件——OneKey Tools,它既能对图片进行美化,也能进行批量化处理,可以在一定程度上提升教师的工作效率。

1. 安装OneKey Tools

百度搜索关键词"OneKey Tools",或者直接输入网址http://oktools.xyz,可免费下载并安装该插件。安装完毕后,PPT的菜单选项卡上会多出一个"OneKey Lite"的选项卡,选项卡下方也会多出一排功能选项,如图4.53所示。

图 4.53　PPT"Onekey Tite"选项卡

2. 使用OneKey Tools

OneKey Tools(以下简称"OK插件")集形状、颜色、三维、图形、辅助等多种功能于一体。下面介绍OK插件在课件中的使用方法。

1）插入形状

插入的形状包含矩形、圆形,形状无边框,省去去除边框的步骤。例如,在制作课件时,常需要插入一个覆盖整个页面的矩形,用于制作背景或蒙版。此时,可使用"全屏矩形"选项来实现。常规的做法是使用矩形工具进行绘制,但是需要不断调整尺寸,才能确保矩形覆盖整个页面,费时费力。通过OK插件选项卡"插入形状"→"全屏矩形",即可一键在当前页面快速插入一个覆盖整个页面的矩形。

2）拆合文本

制作课件时,常需要将一个文本框中的多个段落文字拆分为分别独立的文本框,以设置动画效果。执行OK插件中"拆合文本"→"按段拆分",可实现此功能,免去重复的复制、粘贴步骤,如图4.54所示。

图4.54　OK插件"拆合文本"

3）形状递进

OK插件中对象的形状递进包括尺寸递进、对齐递进和旋转递进。

(1) 尺寸递进,以首次选中的图形为基准,一键将其他图形设置为和其相同大小排序、从小到大排序或从大到小排序。

(2) 对齐递进,可将选中的对象设置对齐增强、水平贴边、垂直贴边、全屏大小、左顶对齐和居中对齐等。

(3) 旋转递进,既可设置对象随机旋转,也可设置对象按一定角度旋转、按一定个数递进。

图4.55展示了尺寸递进和对齐递进前的图片排列方式,图4.56为在选择第一个水果后,执行"尺寸递进"→"相同大小""对齐递进"→"水平贴边"后的排列效果。

图4.55　尺寸递进和对齐递进前　　　图4.56　尺寸递进和对齐递进后

4）三维工具

OK插件中的"三维工具",可一键制作球体、立方体、水晶体、立方拼等透视效果,如图4.57所示。

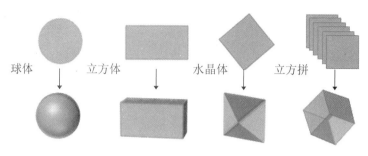

图4.57　OK插件"三维图形"

5）一键特效

一键特效能够轻松实现图片虚化、形状裁图、图片马赛克、图片极坐标、三维折图、图片画中画、弧化倾斜、微立体、长阴影等特效。图4.58展示了原图分别执行图片极坐标和三维折图后的效果。

（a）原图　　　　　　　　（b）图片极坐标　　　　　　　（c）三维折图

图4.58　OK插件"一键特效"

6）图片混合

可以实现需要在Photoshop中完成的通道、变暗、变亮、饱和度等图片混合效果。在图4.59中，在原图上方，绘制渐变色矩形，通过"图片混合"相关操作后，生成相应的效果。

（a）原图　　　　　　　　　　　　　　　（b）渐变矩形

（c）正片叠底　　　　　　　（d）滤色　　　　　　　（d）柔光

图4.59　OK插件"图片混合"

> **提示** 执行"图片混合"操作前,需先选中背景图,再选中叠加的形状,才可得到相应的图片混合效果。

7) 辅助功能

OK 插件辅助功能还包含数字时钟、计时器、倒计时等(见图4.60),可有效地促进数字课堂的高效进行。

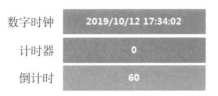

图4.60　OK 插件"辅助功能"(部分)

(三) PA 口袋动画

利用 PPT 自带的动画功能可以制作具有进入、退出和强调等功能的简单动画,但想要快速制作出一些效果好且复杂的动画,其自带的这些功能就比较逊色了。在此,介绍一款 PPT 动画插件——PA 口袋动画(Pocket Animation),它是由大安工作室开发的一款 PPT 插件,基于 PowerPoint 2013 版本,最低运行环境为 PowerPoint 2010 版本。PA 口袋动画不仅包含强大的动画设计功能,还包含丰富的创意设计库。

1. 安装 PA 口袋动画

百度搜索关键词"PA 口袋动画",或者直接输入网址 http://www.papocket.com,免费下载并安装插件。安装好后,会在 PPT 的菜单选项卡中多出"口袋动画 PA"选项卡及相应的功能选项。PA 口袋动画分为两个版本,一个是"盒子版"(见图4.61),另一个是"专业版"(见图4.62),可以结合实际选择使用。

(1) "盒子版"对动画进行了归类整理,动画资源非常丰富,如片头动画、片尾动画、页面转场、文字动画和图形动画、进度加载以及炫酷离子,更令人惊喜的是还具有学科动画,方便数学、物理、化学老师使用。

图4.61　PA 口袋动画"盒子版"选项

(2) "专业版"分为动画和设计两个模块。动画模块中包括动画风暴、形转路径、描摹路径、时间序列、经典动画、动画中心等功能。经典动画功能与 Office 里面的动画选项中的动画类似,但是经典动画功能中的动画更加丰富生动、操作便捷。设计模块有矢量工具、替换组合、资源工具和定位排版等功能。

图4.62　PA口袋动画"专业版"选项

2. 使用PA口袋动画

PA口袋动画"专业版"主要包括口袋设计、口袋库和口袋动画。

1）口袋设计

口袋设计模块常用来设计文字效果，如文字矢量、文字拆分等。

（1）文字矢量。文字矢量化是将文字转化为形状，可以任意对其顶点进行编辑、设置形状格式等。将文字进行矢量化的最常用方法是布尔运算，执行口袋动画中的"设计"→"矢量工具"→"文字矢量"，可将文字一键转为矢量形状，且避免了复杂的布尔运算过程。图4.63为矢量化原始文字后，对其顶点进行编辑的效果。

　　（a）原始文字　　　　　　（b）文字矢量　　　　　　（c）编辑顶点

图4.63　文字矢量化编辑

（2）文字拆分。文字拆分可将文字按照字形间距一键拆分成不同的小块矢量图形，为其分块填充渐变色、制作神奇的动画效果，可以用在课件封面的文字效果上。图4.64所示为对文字执行了"文字拆分"后，再对其执行"随机设计"，为文字填充随机渐变色后的效果。

图4.64　文字拆分设计

2）口袋库

PA口袋动画中的口袋库包含动画盒子、资源盒子、素材盒子、创意图形库等，如图4.65所示。

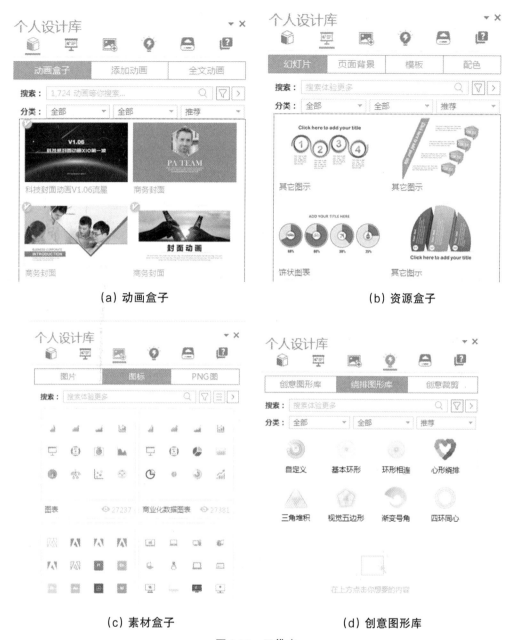

图 4.65 口袋库

动画盒子里内置了多种动画模板,既可以为片头、片尾、页面转场等快速设置动画,也可为单个元素如文本框、图片或者图标快速添加绚丽的动画效果,还可为文字一键生成自带炫酷效果的快闪。资源盒子内置了多种 PPT 模板和素材,包括图式、页面背景、幻灯片背景、配色模板等多种资源。素材盒子内置了多种图片、图标和 PNG 图。创意图形库中内置了多种创意图形、绕排图形及创意裁剪效果。

3)口袋动画

(1)经典动画。经典动画保留了 PowerPoint 2003 上所有的 198 种动画(见图 4.66),包括52种进入动画、30种强调动画、52种退出动画和64种路径动画。"类型选择"可在进入动画、强调动画、退出动画和路径动画间进行切换。"最近常用"收集了用户最近常使用的动画。"效果预览"展示当前选中的动画效果。"触发策略"可控制新增动画触发类型。"动画预览"可预览应用后的动画效果。"跨域添加"支持同时添加不同类型的动画。

图4.66 经典动画

添加经典动画,操作简单,支持批量设置多对象和多动画效果。选中需要添加的动画对象,单击经典动画中的"动画效果",即可应用当前选中的动画效果,按Ctrl键依次单击动画,则可一次添加多个动画效果。动画的呈现顺序可以通过设置"触发"选项来排序。图4.67为给椭圆和矩形对象批量添加"飞入"和"轮子"多动画,设置动画触发选项为"上一个之后"的动画窗格界面。

图4.67 多动画的动画窗格界面

经典动画还可支持跨域动画效果的添加。选中"跨域添加",可以跨进入型、强调型、退出型、路径型添加动画效果。

(2)动画复制和动画粘贴。动画复制和动画粘贴既可实现一对一应用,也可实现一对多应用。当将对象A上的动画完整复制并粘贴至对象B上时,并不影响对象B上的原始动画。也可将对象A上的动画批量复制并粘贴至其他对象上。

选中需复制的动画对象,点击"动画复制",再选中需要粘贴的对象,执行"粘贴动画"即可。

> **提示** 相比PowerPoint 2013自带的动画刷,口袋动画的动画复制和动画粘贴功能的优点有:可实现多目标复制,无需重复单击使用;不会覆盖原来的动画效果。

(3)动画删除。点击"动画删除"快速删除文档、所选幻灯片或者所选对象上的动画。选中需要删除动画的对象或选中的幻灯片,点击"动画删除",即可删除所选对象或所选幻灯片中的所有动画。

(4)时间序列。执行"时间序列"可筛选动画对象和动画类型,并可动态地、批量地控制动画随机出现的时间,如图4.68所示。

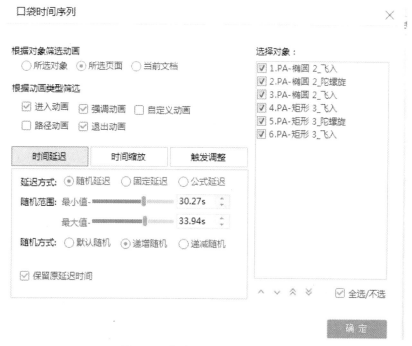

图4.68 多动画的动画窗格界面

(5)动画中心。制作动画时,有时需要改变对象的中心点以实现相应的动画效果。例如,我们现在想制作一朵从花蕊中心开始逐渐盛开的花朵。在插入"泪滴形"形状后,设置颜色,执行"动画中心"选项,调整花瓣中心点至右上角位置(见图4.69)。这里,我们复制花瓣,制作花朵(见图4.70),设置依次"缩放"动画的计时选项(见图4.71),便可制作出花瓣依次从花蕊中心往外盛开的效果。

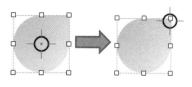

图4.69 调整对象中心点　　　图4.70 花朵

图4.71 花朵动画时间设计

三、微课PPT课件制作

如何将微课脚本这一抽象文本转化为集图、文、声、像于一体的PPT课件呢？

（一）幻灯片页面设置

制作PPT课件前，建议先对幻灯片的页面进行设置，本例通过"设计"→"幻灯片大小"设置幻灯片页面为"宽屏(16:9)。"

（二）选择和编辑模版

根据课件主题，选择背景模板，通过"美化大师"→"更换背景"，选择扁平化风格的背景模板，如图4.72所示。执行"视图"→"幻灯版母版"，对封面的背景图片进行修改，如图4.73和图4.74所示。

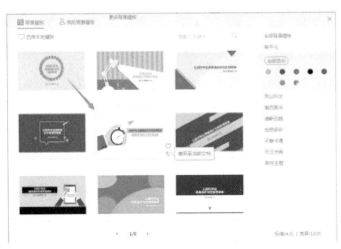

图4.72 选择模版

图 4.73　原始背景　　　　　　　　图 4.74　修改后的背景

（三）主题设置

模板确定后,可对主题字体和主题颜色等进行设置。本例通过"设计"→"变体"→"字体",自定义标题字体为"微软雅黑",正文字体为"幼圆",如图 4.75 所示;通过"设计"→"变体"→"颜色",设置"着色 1"为橙色,如图 4.76 所示。

图 4.75　初始化字体设置

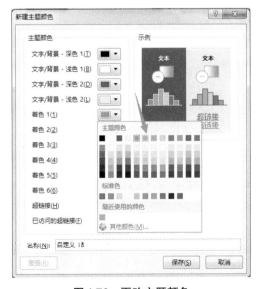

图 4.76　更改主题颜色

（四）提炼文本

微课件中要避免文字堆砌，适度提炼，精准选择关键词，简练明确地表达内容。图4.77所示为提炼后的效果。

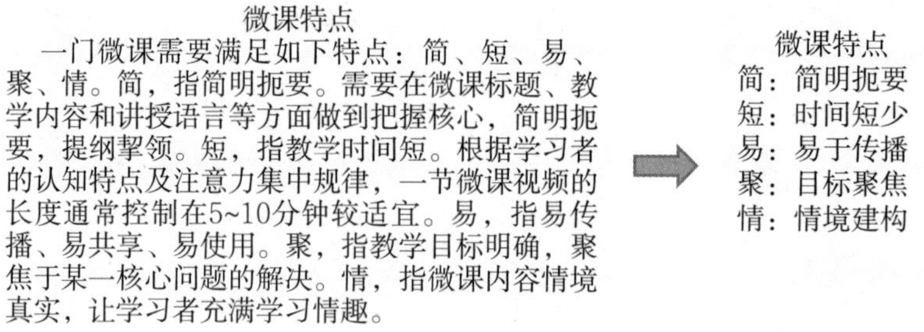

图4.77 提炼文本

（五）组织图形

组织图形是一种形象性的表现元素，使用自选图形、Smart组织结构图等，将提炼的文本层次分明地呈现出来。图4.78和图4.79所示分别为使用自选图形和Smart组织结构图组织文本的效果。

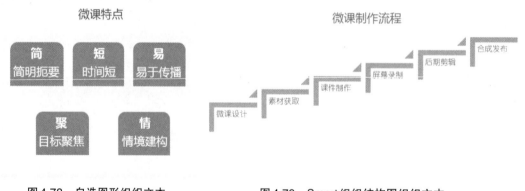

图4.78 自选图形组织文本　　　　图4.79 Smart组织结构图组织文本

（六）图标形状

微课件中常使用与文字含义相近的图标或图形，能形象生动地帮助用户记忆内容。图4.80和图4.81所示分别为在美化大师"形状"库或阿里巴巴矢量图标库（https://www.iconfont.cn/）搜索关键词"话筒"后，出现的图标形状界面。图4.82所示为使用图标或形状将微课件正文文字内容可视化的效果。

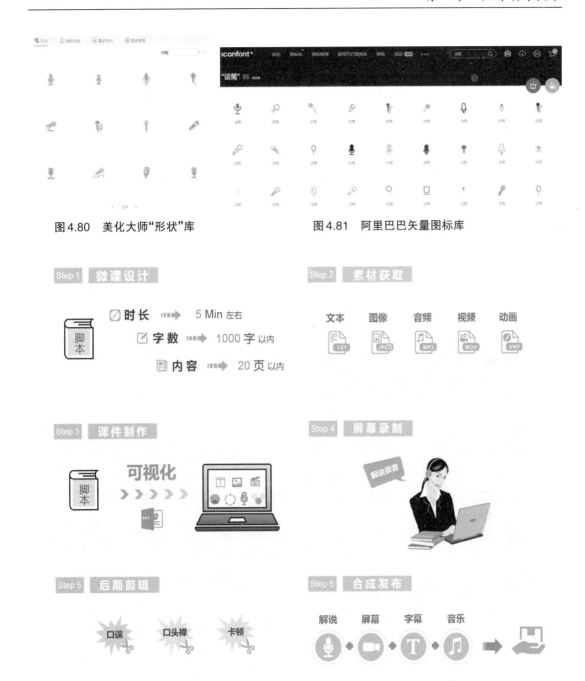

图 4.80　美化大师"形状"库　　　　图 4.81　阿里巴巴矢量图标库

图 4.82　课件正文可视化效果

（七）添加动画

根据需要，为幻灯片添加切换动画或为幻灯片中的元素添加自定义动画效果。

第二节 视频制作工具——Camtasia Studio

Camtasia Studio(以下简称CS)又称"喀秋莎",是美国TechSmith公司出品的屏幕录像和编辑工具。它简单易用、功能强大,受到广大一线教师及教育培训者的青睐。

安装好CS后,程序里会显示两种快捷方式,一种是Camtasia 9视频编辑工具,另一种是Camtasia Recorder 9视频录制工具,如图4.83所示。

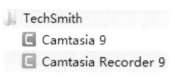

图4.83 CS 9.0的功能快捷图标

微课制作中,CS的主要功能体现在屏幕录制、同步解说和编辑合成等方面。这里,我们以CS 9.0为例,介绍制作微课的常用方法。

一、屏幕录制

录制屏幕前,要确保麦克风和摄像头皆已安装、调试正常,PPT微课件准备就绪。点击录制按钮" ",打开Camtasia Recorder 9,弹出图4.84所示的录像机窗口界面。

图4.84 CS 9.0录像机窗口界面

(一)选择区域

录制区域既可以设置为录制全屏,也可以自定义录制画面大小。录制全屏指录制计算机整个屏幕,即整个桌面。录制自定义区域(见图4.85)指用户根据录制需要,自行设置屏幕的录制区域,用户既可以选择"宽屏(16∶9)""标准(4∶3)"等固定尺寸,也可以通过"选择要录制的区域",用鼠标拖动、绘制录制区域(见图4.86)。视频尺寸有锁定宽高比与非锁定宽高比两种状态,当用户绘制录制区域时,视频尺寸处于解锁状态。

绘制录制区域时通常结合"锁定应用程序"来使用。在某软件或文档窗口上绘制录制区域后,再执行"锁定应用程序",即可将窗口和录制区域锁定在一起,当调整录制窗口的位置或尺寸时,录屏区域也随之调整。

图4.85　CS 9.0自定义录制区域　　　　图4.86　CS 9.0绘制录制区域

(二)录像设置

CS的录像设置包括摄像头的设置和音频的设置。

1. 摄像头的设置

在录制计算机屏幕的同时,如果需要同步录制摄像头区域中的外部视频,以形成画中画的效果,则需要打开摄像头开关。在"摄像头关"选项上单击后,会出现"正在初始化摄像头"界面,数秒后,其右侧出现摄像头视频的预览窗口,表示摄像头已经打开。当鼠标悬停在该窗口上,会出现更大的视频预览窗口,此时可以调整摄像头的录制区域。

2. 音频的设置

录制屏幕前,需对录制的音频进行设置,如图4.87所示。如仅需录制声卡的音频(如PPT课件里插入的背景音乐、音效等),则需在音频设置中选中"录制系统音频"和"立体声混音"选项。如仅需录制语音解说声,则需选中"麦克风";如需录制声卡及麦克风的声音,则需在音频设置中同时选中"录制系统音频"和"麦克风"选项。

录制麦克风声音前,需通过其右侧的音量测试条和调节滑块对音量进行设置。音量不宜过低,也不宜过高,通常将音量调节滑块拖到90%左右为宜。如果将麦克风音量调得过低,则人声较小,系统电流声较大;如果将麦克风音量调到100%,则很容易产生破音。

(三)录制按钮

录像机窗口中红色的"rec"按钮为录制按钮,单击此按钮即开始视频录制。视频录制完毕,按F10键停止录制,此时视频主界面打开,如图4.88所示。录制的视频自动出现在媒体箱、轨道及视频预览窗口中,屏幕画面及摄像头画面分别出现在轨道1及轨道2中。录制完成后保存的文件为"*.trec"格式,此文件可以用CS进行进一步编辑。

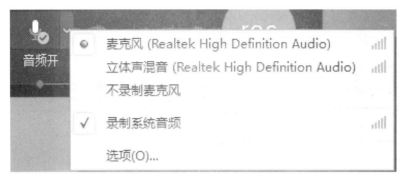

图4.87 CS 9.0音频录制设置

图4.88 CS 9.0视频主界面

二、视频编辑

一个微课视频除包含录制的屏幕画面、摄像头画面外,有时还会包含下载的网络视频、实时拍摄的视频、背景音乐、视频转场特效、字幕等,这些都可以在CS里进行编辑合成。具体功能与操作步骤主要有以下几种。

(一)导入媒体

导入媒体指的是将需要的媒体资源导入到媒体箱中。导入的媒体素材可以是视频、图像、音频、动画等类型。视频文件主要包括"*.camrec""*.trec""*.mp4""*.wmv""*.avi""*.mpeg""*.mpg""*.mov""*.mts""*.m2ts"等格式,图像文件主要包括"*.bmp""*.jpg""*.jpeg""*.gif""*.png"等格式,音频文件主要包括"*.mp3""*.wav""*.wma""*.m4a"等格式,动画主要为"*.swf"格式。媒体导入后,媒体箱中会显示各素材的缩略图。

导入媒体有四种常用的方法:

(1)选择"文件"菜单的"导入媒体"选项,弹出"打开"对话框,选择需要导入的媒体,单击"打开"按钮,媒体素材便导入至媒体箱中。

(2)在CS编辑器中选择"媒体"面板,单击"媒体箱"左下角的"+",执行"导入媒体",选择媒体并导入。

(3) 在 CS 编辑器中选择"媒体"面板,在"媒体箱"界面空白处"右击",弹出快捷菜单,执行"导入媒体"命令,选择媒体并导入。

(4) 用鼠标将媒体文件直接拖曳到"媒体箱"中。

(二) 轨道操作

时间轴是编辑视频的核心组成部分,时间轴包含若干轨道,用户根据需要可随时增、减轨道的数量。时间轴上的每条轨道均可以载入视频、音频、图形、图像、动画等媒体。

轨道垂直方向的排列顺序,决定着最终生成视频媒体画面的叠放顺序,越靠上的轨道媒体画面距离人眼越近,所有轨道同一时间点的画面会同时播放。

轨道的常用操作包括插入轨道、删除轨道、删除所有空白轨道、重命名轨道、选择轨道上所有媒体、关闭或打开轨道、锁定或解锁轨道、最大化轨道等,选中轨道并右击,出现图 4.89 所示的轨道操作界面。

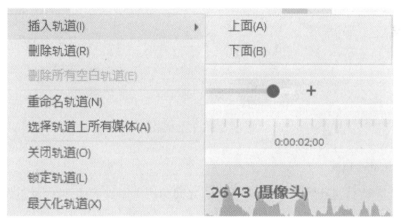

图 4.89　CS 9.0 轨道操作界面

1. 插入轨道

当需要重组各种媒体时,执行"插入轨道"命令,添加若干条空白轨道来放置相应的媒体素材。插入轨道有三种方法:

(1) 单击时间轴左侧的"+"号按钮,即可在当前轨道上方添加一条新的轨道;

(2) 右击任意轨道,在快捷菜单中选择"插入轨道"→"上面"(或"下面")选项,即可在选中轨道的上方或下方添加一条新的轨道;

(3) 将媒体从媒体箱中拖曳到时间轴上,可自动创建一条新的轨道。

2. 删除轨道

删除轨道分为删除选中的轨道及删除所有空白轨道。

右击轨道,在弹出的快捷菜单中选择"删除轨道",可直接删除选中的轨道;如果轨道上有媒体,则在删除轨道时,会弹出提示"这条轨道上有媒体。你想删除它吗?"点击"是"按钮后,再执行删除命令。

在快捷菜单中选择"删除所有空白轨道",可将全部的空轨道删除。

3. 重命名轨道

时间轴上添加新的轨道后,轨道的默认名称分别是轨道1、轨道2、轨道3等,为便于观察和编辑,通过"重命名轨道"命令,可为轨道输入一个与其组织的素材相符的名称。

4. 开启或关闭轨道

时间轴上的轨道,用户可根据需要将其开启或关闭。当关闭轨道时,该轨道上的媒体不会出现在画布上,最终生成的视频中也不包含此轨道的媒体文件。

右击轨道,在弹出的快捷菜单中选择"关闭轨道",或在轨道面板上单击"眼睛"图标,即可将轨道关闭。反之,在已关闭的轨道上右击并选择"开启轨道",或在轨道面板上单击关闭的"眼睛"图标,即可将关闭的轨道开启。当轨道开启时,轨道上的媒体为高亮可编辑状态;当轨道关闭时,轨道上的媒体为暗灰非可编辑状态。图4.90中的轨道1为开启状态,轨道2为关闭状态。

图4.90　CS 9.0开启或关闭轨道

5. 锁定或解锁轨道

对轨道上的媒体进行编辑时,为避免轨道之间的误操作或干扰,可以将不需要编辑的轨道锁定。锁定后,轨道上的媒体不可以被编辑,但可以预览,也会出现在最后生成的视频中。

右击轨道,在弹出的快捷菜单中选择"锁定轨道",或在轨道面板上单击打开的小锁图标"　",即可将轨道锁定。反之,在已锁定的轨道上右击并选择"解锁轨道",或在轨道面板上单击关闭的小锁图标"　",即可将锁定的轨道解锁。当轨道锁定时,轨道上的媒体为暗灰非可编辑状态。图4.91中的轨道1为解锁状态,轨道2为锁定状态。

图4.91　CS 9.0锁定或解锁轨道

(三) 视频剪辑

录制解说时,口误、口头禅和卡顿现象在所难免,故需要对视频进行相应的剪辑。CS剪辑中可采用分割原理,提取并删除视频中多余的部分。

分割可快速将选中的媒体拆分为两部分。选择要进行拆分的轨道,将播放头依次定位在多余视频片段的首、尾位置,单击工具栏中的分割按钮"",便可将视频分割出来,拆分后的视频间显示拆分线。选中分割出来需要舍弃的视频片段,按"Delete"键即可删除。

如果某一段视频经分割后,其首、尾处存在多画面或少画面的情况时,则可将鼠标移动至拆分线上,当鼠标变为双向箭头时,按下左键并向左或向右拖动,便可微调视频的开始或结束位置。

视频片段被删除后,视频间会留有空白,将后面的视频依次拖放并填补空白即可。

如果需要将多个轨道上的媒体在同一时间点上,一次拆分,则需要将这些轨道打开,让它们处于解锁状态,再将播放头定位于拆分位置,然后执行"编辑"→"分割所有"。

视频片段剪辑完毕后,再将媒体箱中的其他不同类型的媒体素材拖放至相应轨道上进行重组。

> **提示** 如果录制的视频仅首、尾处需要剪辑,则可直接采用拖动鼠标左键的方法来实现;分割视频时,为了精确定位首、尾位置,可使用视频预览窗口中的上一帧按钮","或下一帧按钮".",边查看边精确定位。

三、添加注释

CS中的注释又称标注,指的是在媒体中添加具有指向或强调重点内容的文字或图形,其主要作用是吸引用户的注意力,或者对某重点内容进行进一步解释。

在CS 9.0编辑器中选择"注释"面板,打开注释窗口,注释类型窗口主要分为六大类:文本注释、箭头和线条、形状、模糊和高亮、草图运动、击键注释,如图4.92所示。

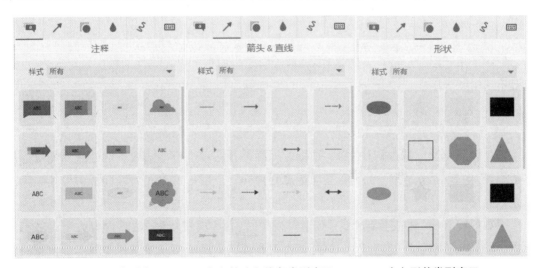

(a) 文本注释类型窗口　　(b) 箭头和线条类型窗口　　(c) 形状类型窗口

图4.92　CS 9.0注释类型

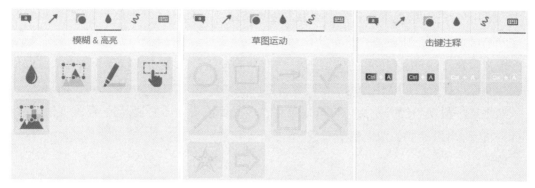

(d) 模糊和高亮类型窗口　　(e) 草图运动类型窗口　　(f) 击键注释类型窗口

图4.92　CS 9.0注释类型(续)

注释类型窗口展现了若干种样式,用户可从中选择需要的标注,在该标注上双击鼠标,此标注就会自动添加到轨道上,并出现在视频预览窗口的正中央,随后可进一步设置对象的缩放、不透明度、旋转、位置及阴影等可视化属性。

（一）文本注释

文本注释又称静态标注,包括图形和文本两部分。图形样式包括气泡、箭头和矩形等。对于图形,可以设置其形状样式、填充、边框及不透明度等属性;对于文本,可以设置字体、字号、对齐方式等。

（二）箭头和线条

箭头和线条主要起指示作用,只是一个图形,不包含文本。图形样式包含双箭头、虚线或实线等。对于箭头和线条标注,用户可以在属性面板中设置线条样式、颜色、宽度及不透明度等属性。

（三）形状

形状是指圆形、三角形、五角星、多边形等图形。用户可以在属性面板中自定义边框、填充及不透明度等属性。

（四）模糊和高亮

模糊和高亮又称特效标注,主要是指对视频部分区域进行特殊效果的处理。特效标注包括模糊、像素化、聚光灯、高亮和互动热点五种样式。用户可以在属性面板中设置强度或填充等属性。

下载的视频中,往往会有水印,在编辑视频时,有些属于机密、敏感内容或个人隐私的信息,在生成的视频中,这些信息不宜出现,因此可以运用模糊或像素化实现部分信息的模糊或像素化效果。图4.93～图4.95分别为有水印的视频原图和将水印模糊、像素化后的效果图。

图 4.93　有水印的视频截

图 4.94　模糊水印

图 4.95　像素化水印

在编辑视频时,如果需要对媒体的某个区域进行突出显示,则可以运用聚光灯或高亮的效果,以引起观众的注意。图 4.96 为原 PPT 课件截图效果,聚光灯可以使选中的区域突出高亮显示,而其他区域变暗(见图 4.97)。高亮可以通过荧光标注突显选中区域,而其他区域不变(见图 4.98)。

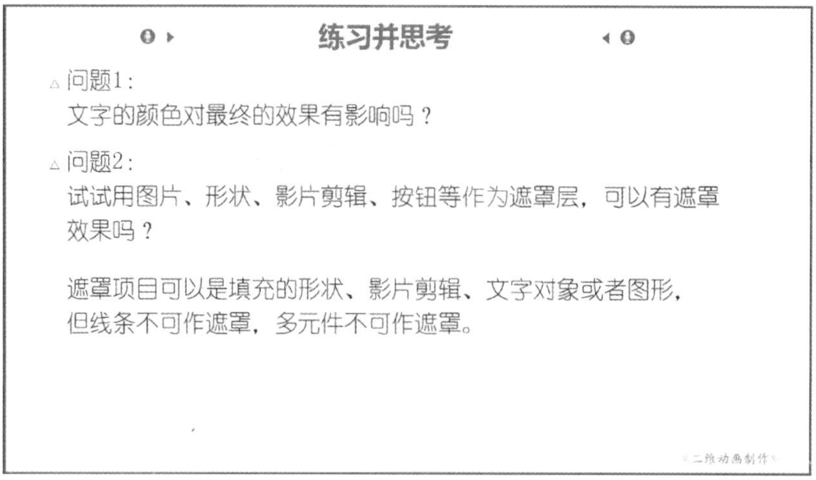

图4.96 原PPT课件截图

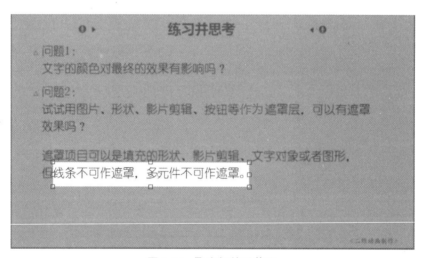

图4.97 聚光灯效果截图

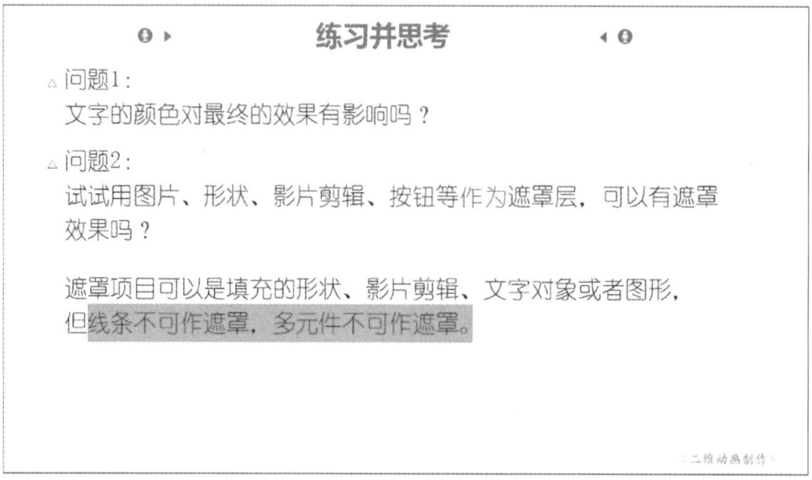

图4.98 高亮效果截图

在编辑视频时,如需制作具有交互功能的视频,如人为控制视频跳转到指定的时间播放或打开外部链接,则可以在媒体中添加互动热点,并通过属性面板设置跳转属性,如图4.99所示。

图4.99 互动热点属性面板

(五)草图运动

草图运动又称动态标注,主要起到动态的提示、指示作用,吸引观众的注意力,以达到对重点内容进行强调的效果。草图运动包括椭圆、直线、星形、箭头、勾和叉等运动式样。用户可以在属性面板中自定义绘制时间、线宽、颜色、翻转等属性。

(六)击键注释

击键注释又称按键标注,指的是在屏幕上显示快捷键。默认的组合键显示为"Ctrl+A",用户可以在属性面板中选择样式、设置快捷键。

在录制软件操作类视频时,不仅希望让学生看清操作,还需要在屏幕上展示操作的快捷键。这时,可使用击键注释来实现。图4.100所示为在录制Photoshop曲线调色操作时,显示快捷键的效果。选择一种默认的击键注释样式,调整其位置,并单击属性面板中"键盘按键"右边的文本框,使该文本框获得光标插入点,再按键盘上的组合键"Ctrl+M",文本框及屏幕预览窗口中默认的"Ctrl+A"便更换成"Ctrl+M"。

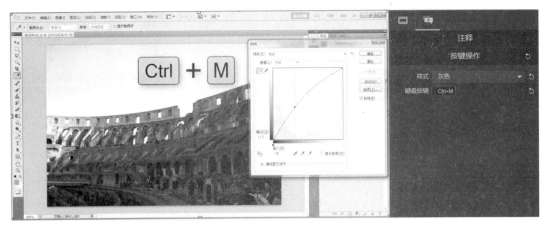

图 4.100　CS 9.0 击键注释

四、视频转场

视频转场指的是一个镜头结束与下一镜头开始之间的过渡效果。同一轨道上的视频、图片在切换时可以添加转场特效,以免切换过于生硬。

(一) 转场效果

CS 9.0 软件中提供了 5 大类型的转场特效(见图 4.101):褪色、运动、对象、格式化和擦拭,共计 30 种转场效果。

(1) 褪色:褪色、黑色淡出。

(2) 运动:圈伸展、翻转、折叠、页面滚动、翻页、波纹、向左滑动、向右滑动、螺旋、伸展。

(3) 对象:立方体旋转。

(4) 格式化:溶解、发光、像素化、径向模糊、随机溶解。

(5) 擦拭:开门状、百叶窗、棋盘格、圆显示、梯度擦拭、插页、光圈、径向擦拭、随机条、条状、滚轮、之字形。

图 4.101　CS 9.0 视频转场类型

（二）添加转场

在 CS 9.0 编辑器中选择"转场"面板，打开转场窗口，用鼠标拖曳相应的过渡效果至轨道上的两个媒体对象之间，松开鼠标左键，此时，前一段媒体的结尾与后一段媒体的开头便添加了同时长的过渡效果，如图 4.102 所示。

图 4.102　添加转场效果

（三）设置转场时间

转场时长默认为 1 秒钟，用户也可根据需要自行调整过渡效果的时间，将鼠标移到效果的左右边线上进行拖动，即可调整转场效果的播放时长。

（四）删除转场

如果对视频中转场的过渡效果不满意，则可以将其删除。选中要删除的转场过渡效果，此时被选定的过渡效果呈黄色，在效果上右击，打开快捷菜单，选择"删除"命令或按键盘上的 Delete 键，即可删除过渡效果。

（五）更换转场效果

如果用户不满意已经设置的转场效果，则可进行更换。在转场窗口中选择所需的过渡效果，将该过渡效果拖曳到轨道中需要替换的效果上，此时，过渡效果变成粉红色，松开鼠标左键即可完成替换。

五、添加行为

CS 9.0 为文字对象新增了 9 种预设的行为效果：漂移、褪色、下落和弹跳、弹出、脉动、提示、缩放、偏移、滑动。

选定一种行为效果，将其拖曳至轨道中的文字对象上，便为文字添加了行为效果。添加了行为效果的轨道下方，会出现一个向上的小三角，单击小三角可打开被折叠的行为效果。图 4.103 中的文字轨道添加了"下落和弹跳"的行为效果。用户可以在属性面板中修改进入、持续和退出属性（见图 4.104）。

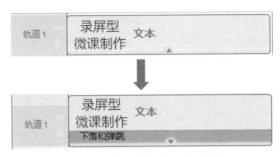

图4.103　添加了行为的文字轨道

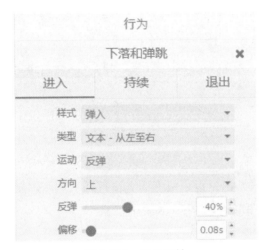

图4.104　行为属性

> 提示　行为动画对其他媒体也有效,但通常仅应用于文字媒体上。一个文字媒体上可以添加多个行为动画,且多个行为动画会同时播放。

六、添加动画

CS 9.0中的"动画"面板包括两种类型动画:一是"缩放和平移",二是"预设动画"。前者需要用户手动设置动画效果;后者预设了多种动画效果,可直接调用。

(一)缩放和平移

"缩放和平移"窗口的上半部分为矩形选框,其中显示了轨道当前帧的视频尺寸及位置。视频画面周围有8个圆句柄,将鼠标移动至某一个圆句柄上,按下鼠标左键并拖动,可调整视频画面在预览窗口上的尺寸及位置。

1. 缩放

在编辑视频时,为了清晰地看到视频的某个局部,可通过对视频中的该局部进行镜头缩放来实现此目的。将鼠标移动至矩形选框,指针呈十字箭头状,按下鼠标左键并拖动,可移动视频在预览窗口中的位置。当拖动圆句柄使矩形选框变小时,预览窗口中的视频局部放大;当拖动圆句柄使矩形选框变大时,预览窗口中的视频局部缩小。图4.105和图4.106分别为视频原始尺寸和放大局部后的效果图。

图4.105　原始尺寸效果

图4.106　放大局部后效果

当缩放动画创建成功后,轨道上的媒体自动生成一个浅蓝色的动画箭头,用户可以通过调节该箭头的位置和长度来调整动画的开始时间、结束时间以及动画播放的时长。调整方法是,单击选择该动画箭头,此时箭头呈黄色;整体拖动动画箭头,改变动画的开始时间;拖动箭头的开始或结束位置,改变动画播放的时长。如图4.107所示。

图4.107　编辑缩放动画

不需要的动画,用户可以随时将其删除。选中动画箭头,按键盘上的Delete键,或右击,从快捷菜单中选择"删除"命令,均可删除选定的动画。

2. 平移

平移指的是将一个对象从一个位置移动到另一个位置,如从左移动到右、从上移动至下、按对角线移动等,动画在平移过程中大小保持不变。平移动画的操作要领为:在"缩放和平移"窗口中,动画的开始帧与结束帧为相同尺寸、不同位置的缩放矩形。图4.108和图4.109分别为平移的初始帧画面和结束帧画面。当播放时,可在视频预览窗口中观察到镜头从画面左上方慢慢平移至右下方的过程。

调整平移动画的时间及删除动画,同上述缩放动画,在此不再赘述。

图4.108　平移初始帧画面

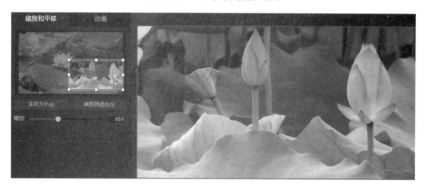

图4.109　平移结束帧画面

(二)预设动画

预设动画中包含10种动画类型:自定义、还原、完全透明、完全不透明、向左倾斜、向右倾斜、按比例放大、按比例缩小、缩放到适合、智能聚焦,如图4.110所示。

图4.110　预设动画类型

添加预设动画时，用户只需要拖曳某种预设动画至轨道媒体上，便会自动在相应位置添加动画效果，用户既可以通过属性面板对动画参数进行调整，也可以参照前述方法对动画的时长进行修改。

> **提示** 一个媒体上可以添加多个预设动画，按照动画箭头显示的从左至右顺序依次播放。

七、视觉效果

CS 9.0内置了7种视觉效果：阴影、边框、着色、颜色调整、删除颜色、剪辑速度、互动热点，如图4.111所示。这里重点介绍微课视频制作中常用的"删除颜色"功能。

图4.111 视觉效果类型

删除颜色又称抠像，是指将一种颜色从一个视频或图像中删除。通常用此技术来去除视频或图像的纯色背景，进而替换为另一个背景。清除颜色的属性设置包括颜色、容差、柔软度、色相、边缘修正和反向效果。

"PPT+教师出镜式微课"通常先使用摄像机拍摄教师在蓝幕或绿幕前的讲解视频，再使用视频抠像技术将人物与背景分离，然后与录制的PPT视频进行合成。

图4.112所示为人物在蓝幕前讲解的视频截图，对该视频应用"删除颜色"后，在属性面板的颜色下拉选项中选择吸管工具，在蓝幕上吸取颜色。此时，可识别范围内的蓝色便清除了，再适当调整其他参数，将蓝色背景删除干净。最后，在人物所在轨道的下方插入一个提前录制好的PPT视频。通过CS抠像合成后，"PPT+教师出镜式微课"效果便能够实现了，如图4.113所示。

图4.112　蓝幕前的视频截图　　　　　　图4.113　抠像换背影后的视频截图

八、音频编辑

微课制作中,解说声必不可少,解说声既可以单独用前文所述的Goldwave工具录制,也可以使用CS工具,边播放边录制。

录制解说声时,易出现音量较小或时大时小的情况,也易受到环境噪声的影响,故需要对解说声进行音量标准化处理和降噪处理。

在前文中,已经介绍了使用Goldwave工具对音频的音量进行调整及降噪处理。因此,如果单独录制解说声,则可使用Goldwave将音量和噪音处理完毕后,再导入至CS中合成。

CS也提供了简易的音频处理方法。对于CS录制的视频,画面和音频默认融合在一个轨道上。为了对音频进行编辑,CS提供了分离音频、视频的功能,右击选择"分离音频和视频",可以将音频、视频分离并分别存于两个轨道。用户可以将音频单独导出(M4A或WAV格式),先用Goldwave处理音量及降噪后,再重新导入CS,替换原来的音频并进行合成。也可以直接通过CS的"音频效果"面板,选择相应的选项进行处理,如图4.114所示。

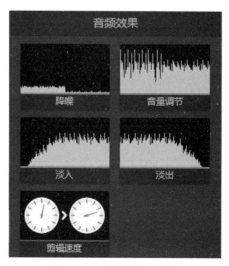

图4.114　音频效果面板

当需要调整整段音频的音量时,将"音量调节"拖曳至音频轨道上,在属性面板中调整"增益"参数(见图4.115),增益值越大,音量越大;增益值越小,音量越小。

当需要对音频降噪时,将"降噪"拖至音频轨道上,在属性面板中调整"降噪"参数(见图4.116),"灵敏度"和"量"的值越大,去除的噪声越多。调整值应设置适当,如果过大,那么会将讲解的声音也去除,从而破坏了整个音频的音质。

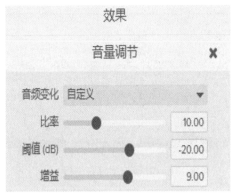
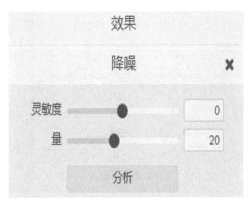

图4.115　音量调节属性　　　　　　　图4.116　CS 9.0降噪属性

九、编辑测验

CS 9.0可以在视频中添加测验,以检验学习者观看视频后的学习效果;也可以添加开放式的问题调查,以获得反馈或收集用户信息。这里主要介绍在视频中添加测验的方法。

(一)测验视图

测验视图默认是关闭状态,打开测验视图的方法有两种:一是"查看"菜单中的"显示测验轨道";二是使用组合键"Ctrl+Q"。隐藏测验视图的方法也有两种:一是"查看"菜单中的"隐藏测验轨道";二是使用组合键"Ctrl+Q"。

(二)添加测验

打开"交互"面板(见图4.117),添加测验分为"添加测验到时间轴"和"添加测验到所选媒体"两种。默认情况下,测验添加在时间轴上。

时间轴测验的实质是占有一条单独的轨道,无论其他轨道上的媒体如何操作,都不影响时间轴上的测验。当添加了时间轴测验后,在视频预览窗口会生成测验占位符,如图4.118所示。

媒体测验添加在轨道的媒体上,该媒体的隐藏、移动、删除、复制、粘贴等操作都对测验产生影响。

图4.117　CS 9.0交互面板

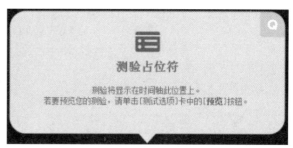

图4.118　时间轴测验占位符

(三) 测验选项

测验选项分为多项选择题、填空题、简答题和判断题,教师可以在"类型"右侧的下拉列表框中选择,如图4.119所示。

每种类型的测验,教师可以在"问题"右侧的文本框中输入具体问题,并设置相应的答案。教师可以根据需要,选择是否"显示反馈",如果勾选该选项,则需继续设置"如果正确"或"如果不正确"时执行的操作。一般情况下,如果学生回答正确,则视频继续播放;如果回答错误,那么设置视频跳转到相应知识的时间点上,让学生再次观看。图4.120为设置某选择题的截图。

图4.119　CS 9.0测验选项

图4.120　CS 9.0设置多选题界面

（四）删除测验

删除测验的方法是选中要删除的测验，右击鼠标，在弹出的快捷菜单中选择"删除"命令或者直接按键盘上的 Delete 键。

> **提示** 添加了交互测验的视频，需要将视频生成为"MP4-Smart Player(HTML5)(S)"格式文件，并使用集成了智能播放器的 HTML 文件播放，具体导出方法详见本节"十一、生成视频"。

十、添加字幕

字幕指显示在视频上的文本，主要用来为学习者提供视觉帮助或者解释性的信息。此外，字幕还可以为一些特殊群体提供帮助，如听觉障碍的学习者，音频为非母语时提供母语字幕等。

CS 中的字幕主要有两种应用类型：标题型字幕和同步字幕。前者常用前文中介绍的文本注释工具来添加，后者常用 CS 的字幕工具来实现。这里主要介绍使用字幕工具创建同步字幕的方法。

（一）同步字幕类别

同步字幕分为 ADA 标准格式和自定义格式两类。

打开"字幕"面板，如图 4.121 所示。单击"添加字幕"按钮，可以在字幕显示区的文本框中输入文本，此时可在画布上预览字幕文本内容。添加的字幕默认播放时间为 4 秒，文本格式默认为 ADA 标准格式。用户也可以不使用默认的 ADA 字幕，而使用自定义方式对字幕文字的字体、大小、颜色、不透明度、对齐方式等进行设置，如图 4.122 所示。

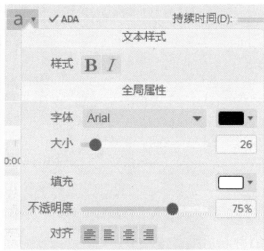

图 4.121　CS 9.0 添加字幕窗口　　图 4.122　CS 9.0 字幕属性窗口

（二）制作同步字幕

使用CS工具编辑同步字幕时，往往先用Word或记事本将字幕编辑好，然后粘贴到字幕窗口的文本框中，此时，便自动生成一个字幕轨道。需要注意的是，每个文本框中输入的文字不得超过3行。如果超出了3行，则超出部分在视频中不会显示。

文字粘贴完毕后，用户需要执行"修改"→"字幕"→"同步字幕"，此时，弹出"字幕和音频同步"对话框，如图4.123所示，用户根据字幕所在的位置，选择一种同步选项。选中后，视频便开始播放。在播放过程中，当听到一句话结束后，用鼠标在字幕文本框中单击下一句话的文字，就会创建一个新的字幕。重复这样的操作，将全部文本分割为若干个新的字幕，并实现字幕与画面、音频的同步。图4.124所示为某微课视频制作的部分字幕效果。

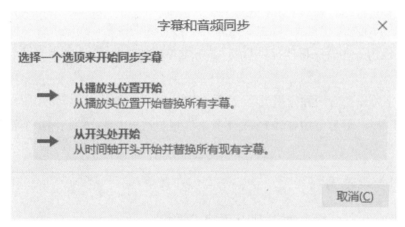

图4.123　CS 9.0字幕和音频同步选项

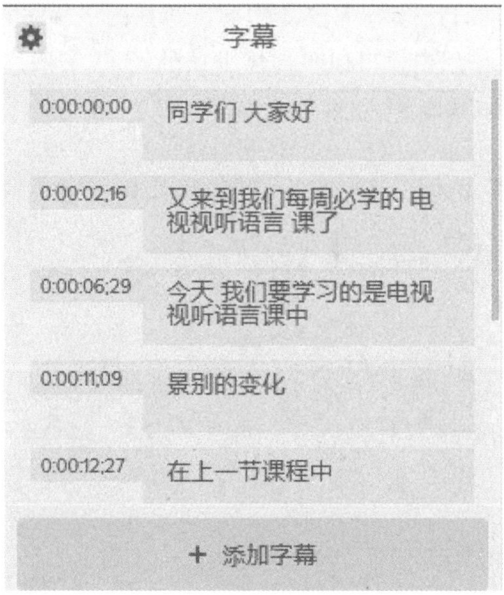

图4.124　分割的同步字幕

在播放过程中，可以使用"字幕"窗口中的"暂停"或"停止"按钮来控制视频的播放。

十一、生成视频

微课视频编辑完毕后,用户可以根据需要将微课输出成所需形式的视频文件。

(一) 生成途径

CS 9.0生成视频有两种方法:
(1) 通过"分享"菜单中的下拉选项来设置,如图4.125所示。
(2) 通过工具栏上的"分享"按钮的下拉选项来设置,如图4.126所示。

图4.125　CS 9.0分享菜单中的下拉选项　　图4.126　CS 9.0分享按钮的下拉选项

(二) 自定义生成设置

当执行"自定义生成"命令时,会弹出"生成向导"窗口,依次选择相应的设置,单击"下一步"按钮,直至生成视频。

1. 生成格式

在图4.127所示的"生成向导:你想怎么生成你的视频?"窗口中,用户可以根据需要选择生成的视频格式,主要包括MP4-Smart Player(HTML5)(S)、WMV-Windows Media 视频(W)、AVI-音频视频交错视频文件(A)、GIF-动画文件(G)和M4A-仅音频(4)等格式。

这里介绍一下MP4-Smart Player(HTML5)(S)格式,该格式可以生成单独的MP4文件以及集成播放器的网页版本。其中,单独的MP4文件不支持字幕隐藏,不支持交互式测验。网页版本的入口是一个网页文件(HTML),可以直接使用浏览器打开,网页上集成了播放器,可以使用该播放器对视频进行播放和控制。网页版本支持可隐藏字幕,支持交互式测验。

其他几种文件格式,在前文中皆已介绍过,在此不再赘述。

图4.127 CS 9.0"生成向导:你想怎么生成你的视频?"窗口

2. 智能播放器选项

"生成向导:智能播放器选项"窗口包括控制条、大小、视频设置、音频设置和选项等5个选项卡,如图4.128所示。

图4.128 CS 9.0"生成向导:智能播放器选项"窗口

（1）控制条：主要决定在生成的视频中是否有控制条。当勾选"生成控制条"选项时，即可进行相关参数的设置。

（2）大小：包括嵌入尺寸和视频大小。默认这两个选项参数一致，用户可根据需要自行设置。

（3）视频设置：包括帧率、每秒多少关键帧、编码模式、颜色模式等。编码模式包括质量和比特率，当选择质量时，用鼠标拖动下面的水平滑块来调整视频质量的高低，质量越高，文件越大。

（4）音频设置：可以设置音频编码的比特率。

（5）选项：包括目录、搜索、字幕、测验。需要注意的是，当编辑的视频运用到字幕时，必须勾选"字幕"选项，同时在右侧的下拉列表框中选择"视频下方字幕"选项，否则生成的视频无法显示字幕。当编辑的视频应用到测验时，必须勾选"测验"选项。

3. 视频选项

在图4.129所示的窗口中，可设置视频信息、水印、图片路径、HTML选项等内容。如水印，当勾选"包括水印"选项时，可使用图片或其他视频作为该视频的水印。

图4.129　CS 9.0"生成向导：视频选项"窗口

4. 测验报告选项

在"生成向导：测验报告选项"窗口中（见图4.130），可对报告测验结果的发送进行设置，也可单击"测验外观"按钮，通过"测验外观"窗口对测验外观进行设置（见图4.131）。

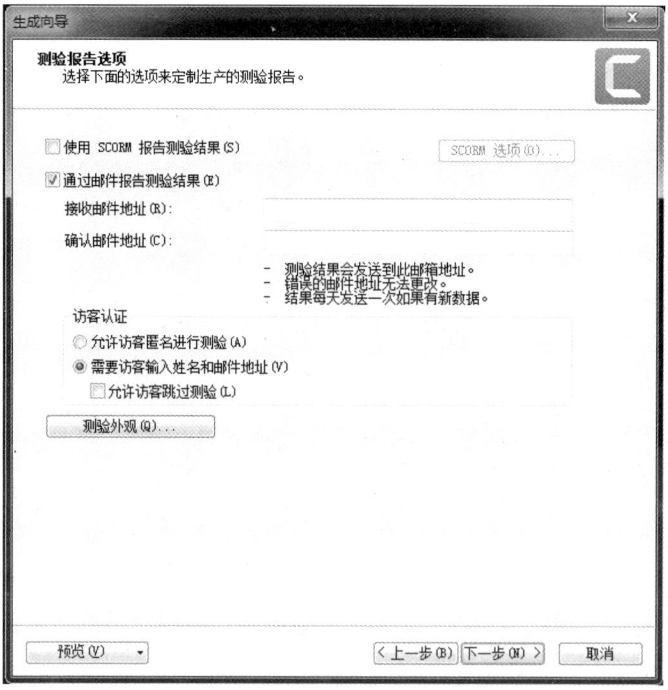

图4.130　CS 9.0"生成向导：测验报告选项"窗口

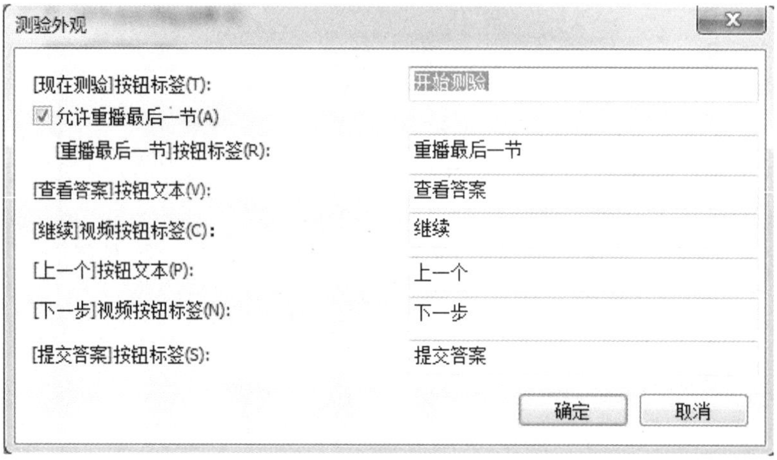

图4.131　CS 9.0"测验外观"设置

5. 制作视频

在图4.132所示窗口中可以设置输出视频文件的项目名称、存储的文件夹、是否将生成的文件组织到子文件夹中、生成后选项等。

点击"完成"按钮，CS工具开始对视频进行渲染，最终生成视频文件和文件夹。

> **提示**　有些用户可能会混淆文件的保存方式与生成方式。如果执行"文件"菜单中"另存为"命令，则对编辑的项目文件进行保存，格式为".tscproj"；执行"分享"命令，才可生成视频文件。

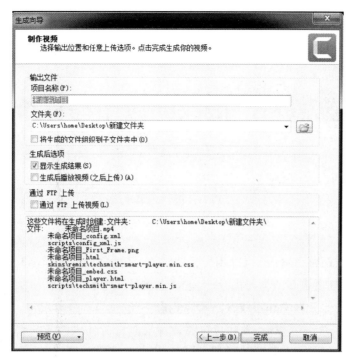

图4.132　CS 9.0"生成向导:制作视频"窗口

第五章　微课的应用与评价

第一节　微课的应用

微课应用形式灵活多样,既可以用于正式学习,辅助教师的教学活动,也可以用于非正式学习,为学习者创设更多的学习机会,促进自主学习能力的提升和有效学习的生成。微课应用主要包括传统课堂教学和在线教学两种形式。

在传统的课堂教学活动中,教师可以将微课视频资源作为教学材料,用以辅助教师讲授。教师在课堂中播放一些优秀的微课,不仅可以共享名师的优质资源,还可以生动形象地呈现那些晦涩难懂的知识。

微课是信息技术发展的产物,目前被广泛应用于在线教学中。2020年,受席卷全球的新型冠状病毒肺炎疫情影响,在教育部"停课不停学"的号召下,以微课资源为基础的线上点播/直播教学形式得到迅速普及。各地教育主管部门组织中小学教学名师和骨干教师录制系列微课,搭建"空中课堂",学生在家可以通过电视或电脑在线点播"空中课堂"的微课资源,满足了居家学习的需求。"空中课堂"虽然不受时间和空间限制,实现了"一人上课,众人受益",但是不能实时互动,教师通常使用QQ、微信、钉钉等进行线上答疑、布置作业等活动。

高校教师主要依托"教、学、考、管、评"一体化在线教学平台,发布课前教学资源,组织学生自主学习。课堂上,通过线下面授或线上直播的方式,组织学生在教学平台上互动,对学生的学习数据进行全过程跟踪与评价。本章重点介绍基于在线教学平台的微课应用,主要包括基于MOOC的在线异步教学和基于SPOC的混合式教学。

一、基于MOOC的在线异步教学

近年来,随着移动互联网技术的不断进步,以MOOC为代表的在线开放课程在全球范围内迅速兴起,拓展了教学时空,增强了教学吸引力,激发了学习积极性和自主性,扩大了优质教育资源受益面,给信息化教育改革带来新的挑战。

(一) MOOC概述

MOOC是大规模开放在线课程(Massive Open Online Courses)的英文名称缩写,又称"慕课"。它是依托网络教育平台,在指定的教学周期内,按一定的教学目标、教学策略组织起来的,以微视频为主要载体呈现知识点内容,将知识讲授、练习作业、在线讨论、交互答疑、考核评价等教学环节完整实现的在线课程。

"MOOC"这一术语源自全球开放教育运动。2001年,麻省理工学院发起开放课件运动(Open Course Ware,OCW);2002年,联合国教科文组织提出开放教育资源项目(Open Educational Resources,OER);2005年,开放课件联盟(Open Course Ware Consortium,OCWC)成立;2006年,英国开放大学启动开放学习项目(Open Learn)。随后,西班牙语高校开放课程联盟(OCW-Universia)、中国开放课件联盟(CORE)、非洲网络大学(African Virtual University,AVU)、韩国开放课程联盟(Korea OCW Consortium)、日本开放课件联盟(JOCW)等也相继成立。由此,开放教育资源运动不断深入推进。

"MOOC"这一术语由加拿大Dave Cormier等学者在2008年首次提出,用来评价开放教育领军人物加拿大学者Stephen Downes和George Siemens主持的一门开放在线课程——"连接主义和连接的知识"(Connectivism and Connective Knowledge,CCK08)。该在线课程的建设初衷是为加拿大曼尼托巴大学的25名在校学生设计,但同时向全球学习者无偿开放,结果2000多名学习者免费加入了该在线课程的学习。2011年,斯坦福大学的Sebastian Thrun教授将团队开设的"人工智能导论"(Introduction to Artificial Intelligence)课程向全球开放,16万名学习者了加入学习,因其规模大,便使用了"MOOC"一词。2012年,美国几所顶尖高校和教育企业进行合作,建立了专门的慕课平台,向世界共享优质课程,推动了Coursera、Udacity、edX三大MOOC巨头的诞生,MOOC学习者呈井喷式增长,MOOC之风席卷全球,2012年也被人们称为"慕课元年"。

随着MOOC的发展,中国也加入了MOOC队伍,很多高等院校纷纷推出自己的MOOC课程,同时也开始搭建自己的MOOC平台。例如,清华大学在2013年10月推出了自主研发的"学堂在线"平台,向全球提供在线课程。还有一些学校将MOOC课程融合进自己的教学过程,如上海高教课程中心、EWUCC东西部高校课程共享联盟等。国内较知名的MOOC平台有中国大学MOOC网、学堂在线、好大学在线、顶你学堂、超星慕课以及智慧树等。

(二)MOOC教学模式

MOOC的教学模式主要依托于在线教学平台,如图5.1所示。MOOC正式开课前,教师需在MOOC平台提供课程简介信息,一般包括课程介绍视频、课程概述、课程大纲、预备知识、证书要求、参考资料、课程时间、学时安排(按每周多少小时计)和授课教师介绍等。

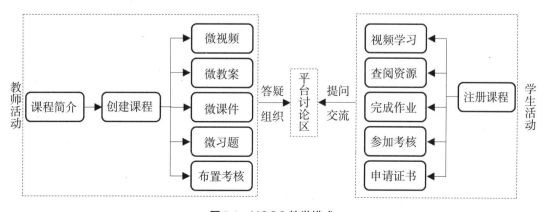

图5.1 MOOC教学模式

课程开始后,教师在固定的时间周期内,定期发布微视频、微教案、微课件,布置习题作业和章节测验,最后组织结业考核。由于视频学习是单向传递的,学习者需要在没有他人监控的条件下,运用足够的注意力保持对学习内容的关注与交互,故课程开设者为了更好地保障学习效果,通常会在视频中穿插问题与测试,以有效地保持学习者的注意力,并加深对学习内容的理解。师生、生生的互动交流主要通过平台的讨论区或论坛进行。

课后,学生需要在截止日期前完成作业,作业成绩可以通过系统自动评分、自我评价、学习者互评、教师评价等方式综合评估。除此之外,学生还需完成章节测试、期中考试和结业考试等考核。完成课程并考试合格后,学生可以申请相应的MOOC证书。

二、基于SPOC的混合式教学

(一) SPOC概述

MOOC以其开放性、大众化的学习模式被大家认可,成为重要的教育资源供给模式。但MOOC的入学门槛低,学习者起点水平差距大,无法满足个性化学习需求,师生互动薄弱,缺乏学习过程的有效监管,导致评价不实等弊端逐渐凸显,"高注册率,低完成率"的现象引发人们的诟病。在这种情况下,SPOC应运而生。

SPOC是小规模限制性在线课程(Small Private Online Course)的英文名称缩写,又称"私有课"或"私播课"。SPOC把MOOC平台的教学资源(如MOOC的简短视频、补充材料、在线练习和测试、自动识别打分、讨论区等)中优秀可取的部分运用到高校校园的小规模授课中,形成一种独特的教育模式,它是针对MOOC不完善地方的合理补充,也是MOOC与传统课堂深度融合的产物,吸收两种教学模式的优点和精华,使教育更有针对性和层次性。

1. 国外SPOC实践研究

国外对于SPOC的研究主要以加州大学伯克利分校、哈佛大学、麻省理工学院和科罗拉多州立大学的SPOC课程应用实践为代表。

2013年,加州大学伯克利分校的阿曼多·福克斯(Armando Fox)教授首次提出了"SPOC"概念,将"云计算与软件工程"课程应用于SPOC教学实践中,经过不断改进与实践,选课人数不断增长,取得了较好的教学效果。之后,福克斯教授便与Open-edX平台合作,推广SPOC教学模式。随后,在Open-edX平台的技术支持下,夏威夷太平洋大学、北卡罗莱纳州夏洛特大学、宾尼姆顿大学、科罗拉多大学相继加入了SPOC课程教学,经过教学实践也获得了显著成效。

同年,哈佛大学对三门课进行了SPOC教学实验。第一门课是法学院开设的"版权法"课程,选取了500名学习者进行课程学习;第二门课是肯尼迪政治学院开设的"美国国家安全、战略和媒体面临的主要挑战"课程,该课程同时提供给哈佛大学校内的学生和500名在线学生;第三门课是设计学院为其新入学的研究生开设的"建筑学假想"课程。

麻省理工学院的"电路与电子技术"课程和"Python计算机编程语言"课程,分别在加州硅谷地区的圣何塞州立大学和波士顿地区的邦克山社区学院进行了SPOC教学实践,同样取得了较好的教学效果。

科罗拉多州立大学——全球校园尝试了更小型的SPOC,学习者的数量限制在20个人左右,最初的课程内容主要是对公司领导层进行领导力培训。它的SPOC课程在校园和社会之间架起了桥梁,让校园内的学生接触到更多的社会中的知识财富,也让已经走出校园的人获得与在校学生相同标准的学习体验。

2. 国内SPOC实践研究

国内SPOC教学实践以清华大学为"带头人",清华大学于2013年10月推出"学堂在线"平台,开启了SPOC模式在中国的应用。清华大学教师徐葳和于歆杰分别将基于该平台的"云计算与软件工程"课程和"电路原理"课程进行翻转课堂教学实验,有效地提升了学生的学习积极性和教学质量。

浙江大学主导建设了CNSPOC云课程平台(http://www.cnspoc.com),并以此平台为教学载体,联合全国30所高校进行了"工程图学"课程的在线授课,并针对不同学校构建个性化的SPOC课程资源。

随后,越来越多的SPOC平台被开发出来,如重庆大学SPOC教学平台,陕西师范大学自主运营的"积学堂"平台、温州大学"罗山学堂在线"SPOC平台、腾讯云课堂、爱课程、职教云、超星学习通等。

(二)SPOC教学模式

随着SPOC平台的开发及应用,国内诸多学者基于SPOC展开教学模式探索,代表性的有对分课堂和翻转课堂。

1. 对分课堂

1)对分课堂概述

2014年,复旦大学张学新教授针对当前高校课堂教学现状,结合讲授式课堂与讨论式课堂的优点,提出"对分课堂"概念。对分课堂核心理念是分配一半时间给教师讲授,另一半时间给学生交互讨论,并将讲授和讨论在时间上分隔开来,让学生在这两个过程之间有充分的时间按自己的节奏进行个性化的内化吸收。由此,对分课堂被分为三个过程,分别为讲授(Presentation)、内化吸收(Assimilation)和讨论(Discussion),故又简称为PAD课堂,是一种比较初级的混合式教学。

对分课堂又分为当堂对分和隔堂对分两种形式。当堂对分指在一堂课或一次课上完整实施上述三个过程,一般适合低年级以及简单学习内容的教学。隔堂对分指间隔一周完成上述三个过程,内化吸收由学生在课外完成,一般适合高年级以及复杂学习内容的教学。这里以隔堂对分为主介绍对分课堂的流程。

2)对分课堂混合教学

对分课堂混合教学主要包括课中、课后和课中三阶段,如图5.2所示。

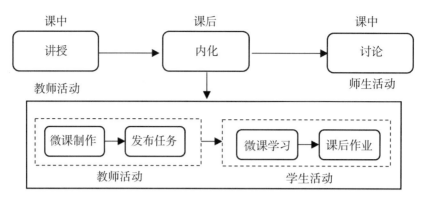

图5.2 对分教学模式

（1）课中讲授。讲授环节由教师在课堂上完成。一般情况下，对分课堂不主张学生提前预习，教师在讲授环节基本不向学生提问，也不组织讨论，只是进行引导性、框架式的讲解，讲解内容包括学习目标、重难点、逻辑结构、概念原理等，不覆盖教学内容细节。

（2）课后内化吸收。内化吸收由学生在课后一周内完成。课后，教师通过SPOC教学平台（如对分易、学习通、蓝墨云班课等）向学生推送自己录制的微课教学视频和教学辅助材料，用于辅助学生课后自主学习、完成作业，主动地去吸收和内化知识。

教师录制微课时，要充分根据学生的学情差异，结合教学重难点，制作出符合学生实际水平的微课。学生可以根据自身的兴趣、学习能力，灵活安排学习时间、观看学习资源，以最适宜自己的方式去学习。基础不足的学生可以根据自己的理解能力反复多次观看视频，学习教学材料，查漏补缺。

学生在课后需要完成一份"亮考帮"的作业。"亮"即"亮闪闪"，总结出学习过程中自己感受最深、受益最大的内容亮点；"考"即"考考你"，把自己认为重要的、别人可能存在困惑的内容拿出来考考别人；"帮"即"帮帮我"，提出一些自己在独学过程中没有解决的困难和问题，在讨论时求助同学。因此，作业是对分课堂实施过程中非常关键的一环，是学生理解内化课堂要点的最有效途径。教师在布置课后作业时要把握几条原则：基本性，指作业包含每个学生都能够完成的质与量；相关性，指教师布置的作业要求与教授内容直接相关；挑战性，指作业要有一定的难度，能够提升学生的知识量与面；个性化，指能让学生有一定程度的个性化发挥，讨论的时候可以取长补短；梯度性，指能够体现学生学习的个体化差异。

（3）课中讨论。依托"亮考帮"的作业，在课堂上开展小组合作学习，讨论上节课教师的讲授内容和学生内化阶段的学习结果，分享自己的体会、收获和困惑，互相答疑、启发，把普遍性的问题记录下来，这个环节教师不轻易参与，重点是让学生相互协作解决问题。小组讨论后，教师组织全班讨论，对小组讨论中存在的疑难问题进行解答，最后做升华总结。

2. 翻转课堂

1）翻转课堂概述

翻转课堂（Flipped Clasroom）又称反转教学（Flipped Instruction）、颠倒课堂（Inverted Classroom），指颠倒课堂内外的时间，将学习的主导权和决定权从教师转移给学生。

"翻转课堂"来源于美国林地公园高中的两位化学老师乔纳森·伯尔曼和亚伦·萨姆斯。

2007年春,为解决学生不能按时到校上课而耽搁学习进度的问题,两位老师将课堂上讲解的内容录制成教学视频并上传到网上,帮助缺课的学生在家里完成视频学习,以跟上学习进度。

真正引起国内教育研究者关注翻转课堂的是萨尔曼·可汗于2011年在TED上的一场题为"用视频重塑教育"的演讲,他在演讲中指出,上传到YouTube上的很多免费教学视频深受学生和家长的喜欢,几个实验学校的使用效果也很好。受此启发,更多的教育工作者开始尝试使用翻转课堂教学模式进行教学。

2)翻转课堂教学模式

传统课堂的教学模式通常包括知识传授和知识内化两个阶段,如图5.3所示。知识传授在课堂上完成,由教师讲授新知,布置课后作业;知识内化在课堂外实现,由学生通过作业练习、复习巩固来检测知识点的掌握情况。教师是课堂的主宰、知识的传授者,学生只是被动的接受者。

翻转课堂颠倒了这种模式,知识传授在课堂外完成,由教师借助信息技术手段制作微课,通过学习平台发布给学生,由学生自主完成新知学习、提交作业;知识内化在课堂上进行,由教师根据学生课前学习的情况答疑解惑,引导学生通过互动交流、协作探究来消化知识。教师不仅是知识的传授者,也是学习资源的创作者和学习的引导者、组织者、促进者,学生是主动的研究者、活动参与者、知识建构者。

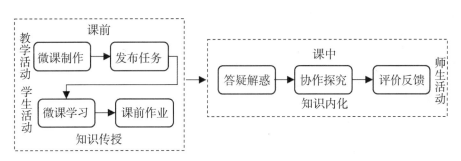

图5.3 翻转课堂教学模式

(1)课前环节。教学目标是教学的出发点和归宿,是教学的灵魂,是开展有效教学活动的基础,是检验教学效果是否达成的标准。我们期望学生通过教学掌握什么知识、获取什么技能,这是任何教学都应首先明确的关键要素。课前,教师在设计具体任务前,需要明确如下几个问题:教学活动如何组织才能使教学效果最优化?哪些内容需要学生课前学习?哪些内容适合通过微课讲授?哪些内容适宜在课堂上组织学生合作探究?只有明确以上问题,清晰地制定出教学目标,才会避免教学中的盲目性、重复性和随意性。

在翻转课堂中,知识的传递主要是通过课前的微课视频来完成的。微课视频既可以是教师亲自录制,也可使用网络上优秀的视频共享资源。除此之外,教师需准备配套的微讲义、微练习、微教案等微课辅助资源。然而,并不是所有课程都适合通过微视频的方式进行,教师不要因为实施翻转课堂而盲目地采用微视频。准备好教学资源后,教师通过SPOC学习平台发布微课资源、布置课前作业、组织在线讨论、设置问卷调查等。

学生接收到学习任务后,既可以通过计算机,也可以通过手机、平板等移动终端在线观看微课视频、查阅辅助资源。另外,学生可根据自身的知识掌握情况,自定学习步调,灵活调整视频播放进度,如加快、调慢、重复播放等,满足个性化学习需求。学生观看完教学视频后需要完成并提交教师布置的作业、练习,巩固所学知识,验证教学目标初步达成情况。

学生在课前学习过程中,由于自身的知识结构、思维方式不同,对事物的理解也会不同,在学习微课视频或完成作业练习中难免会遇到问题,学生可通过平台的互动讨论区进行提问交流。教师可在线回复学生的问题,学生之间也可实现在线交流、互动解答。平台的互动反馈数据可方便教师实时跟踪学生的动态学习情况,以便更有效地组织课堂教学活动。

(2)课中环节。教师在课堂活动前,通过SPOC平台汇总学生在作业中出现的问题及在讨论区反馈的问题,针对这些问题,组织学生进行课堂讨论,并给予答疑解惑。在学生课前学习的基础上,教师设置探究性问题,引导学生分组讨论、协作学习。然而,教师不是站在讲台上"俯视"课堂活动,而是深入到学生讨论中。当学生在讨论中遇到问题时,教师应给予及时指导和帮助,引导学生纠正对错误观点的认知。学生在与同伴交流的过程中,提高了课堂参与能力,加深了对知识的理解,提高了学习主体地位。

学生在独立学习阶段,已构建了自己的知识体系,但要完成深度内化,还需要在合作交流中进行。爱德加·戴尔(Edgar Dale)通过实验证明,团队学习、协作学习和参与式学习的效果可以达到50%以上。协作探究活动后,小组可以通过报告会、展示会或者小型比赛等形式汇报学习成果、交流学习心得。这不仅可以领略合作的乐趣,还可以学习到他人的优点,明确自己的优势与不足。通过组内自评、组间互评、教师点评等多元评价方式,学生可更全面、客观地了解自身的知识掌握水平。

第二节 微课评价

微课的根本作用是要为课堂教学服务,为教师提供优质的教学辅助资源,为学生提供简单实用的学习资源。故一节优秀的微课绝不只是应用微课制作技术这么简单,除需遵循前文所述的设计原则外,微课的教学标准及学习效果也是重要的评价因素。

一、微课制作评价

在微课制作中,技术与艺术是一个不可分割的整体,两者之间是相互依存的。技术是表现艺术的手段,艺术则通过技术来传达。微课制作本身是体现了信息技术运用能力,当然微课本身的趣味性、艺术性和观赏性也是微课评价的重要组成部分。因此,微课制作水平通常从微课制作技术和制作艺术两方面来评价。

(一)微课制作技术

1. 音视频技术

微课对视频品质有一定要求,但视频分辨率并非越高越好,过高的视频质量会造成文件容量过大,不利于网络传播。视频分辨率可以选择640×480、720×576或1280×720等,过高的分辨率和视频质量会降低视频的载入速度,增加播放时的缓冲时间,不利于学习者的流畅观看。视频格式可以选择MP4、FLV、MOV、MPG等文件相对小、应用广泛且方便学习者获取的格式。现在的计算机显示器和智能移动终端设备大部分采用宽屏模式,所以建议微课视频也采用宽屏模式,即画幅比例为16:9,码流在128 kbps~2 Mbps、帧速≥25 FPS,计算机屏幕颜色设置为16位色。

音频要进行适当降噪和声效处理,音频采样率建议为44.1 kHz、比特率为64~320 Kbit/s,音画同步<100 ms,音频格式为MP3、AAC(aac、m4a、f4a)或Vorbis(ogg、oga)。

微课节奏要快,片头和片尾要简短,主题部分要丰满,镜头切换和"蒙太奇"手法需运用合理。视频清晰而小巧(纵向解析度60线),不应有抖动或镜头焦距不准的情况。尽量减少视频中的干扰因素(如无需出现的教师头像、不必要的字幕等)。

背景音乐和解说要清晰,音量和混响时间适当。音乐体裁与内容要协调:有趣的故事用轻盈欢快的音乐,感人的故事用节奏缓慢的音乐,引人思考的故事用清新淡雅的音乐。

2. 课件技术

教师在制作微课件时,应当注重课件内容、版面和表现三个方面设计能力的提升。这三个方面不仅关乎课件的质量,还会影响教学的效果,具体包括:

(1)课件内容方面,要求课件程序无误,能够正确运行。此外,教师在设计课件时既要符合教学思路,又要突出重点和难点。同时,教师要细心认真,保证课件文本对知识点的叙述正确无误,内容完整。

(2)课件版面部分要简明扼要。首页作为微课的"门面",要有简明扼要的标题、翔实的作者与单位信息、完善的学科学段与教材信息、必要的页面边框修饰与素雅的页面背景。可以在中间页顶部写上知识点,使学生一目了然;中间则放置主题内容,右下角或左下角留出空白,以放置教师画面,同时不遮挡文字。尾页可以添加感谢语、欢迎观看等微课语言。整个课件页面应以50%的文字、20%的图片、30%的空白为宜,且颜色设置不宜超过3种;课件页面的上半页与下半页元素内容平衡,不宜出现头重脚轻、左右失衡的现象;翻页动画可以有数种,但是不宜太多,以2~5种翻页效果为宜;切忌不要出现连续的图片或者文字,防止产生审美疲劳。

(3)课件表现方面,要求教师在字体设置上保证字体、字号、颜色、位置等细节相互协调,前后对应。课件中的文字应言简意赅,其他内容则可以辅助配音,同时还要求具有启发性、悬念性。文字配色要与课件配色方案相符合,每张幻灯片中的文字不宜过多,只能用提纲式的文字,不能用过多的文字来代替教学内容。使用推荐字体,如微软雅黑、黑体、方正综艺体、方正粗宋简体等。在图形处理方面要保证位置、大小和色彩方面的协调,设置合理的动画效果。

（二）微课制作艺术

1. 时间艺术

对微课的时间把握是一门艺术，要"微"到恰到好处，既能及时抓住学生的注意力，又能精彩结束，增一分则长，减一分则短。这就要根据微课的教学目标和内容安排，对时间进行合理分配，使短短的几分钟发挥出最大的作用。

2. 语言艺术

微课主要通过语言来传递信息，如何在有限的时间内通过语言来吸引学生的注意力，是一门艺术。

微课的语言需短小精辟、洪亮清晰，可用幽默风趣的语言去营造轻松愉快的学习气氛，用夸张的言辞来切中课程的要害，用言简意赅的语言技巧来表达微课程的内容与目标。通过微语言艺术过滤非关键信息，避免在不必要的地方浪费时间和精力，避免注意力超负荷运转或信息超载现象。

3. 视听艺术

微课的视听艺术表现直接影响微课程的质量，从而影响学习者的学习效果，故微课在构图、景别和声音上有较高的要求。

（1）构图指对象在影视画面中的空间布局结构。合理的画面构图可以使学习者精准把握视频中的信息重点，并通过有记忆度的视觉刺激使知识易于记忆。强调画面主体的构图方式大致分为两种：一种是元素简化法，将与主题无关的元素排除，保留主体和相关元素，使主体处于最醒目的位置；另一种是引人注目法，利用醒目的灯光、色彩和位置等手段来突出主体，使主体即使处在众多的元素中也能够被迅速发现，但同时也要注意，画面要适度留白。

（2）景别指的是由于摄像机与被摄主体的距离不同，而造成的被摄主体在镜头画面中所占比例关系的区别。不同的景别具有各自不同的叙事功能和艺术表现力，同时，还能满足受众从不同视距层面上观看影像主体的需求。常用的景别包括全景、中近景和特写。景别不同，表现功能也不同。① 全景，即表现人物全身形象或场景全貌的画面，具有介绍人与人之间、人与环境之间的关系，确定人物位置、动作过程及位置变化的作用；② 中近景，包括人物胸部以上的镜头画面，作用是进一步展现教学内容；③ 特写，即人物肩部以上的画面或被摄对象占满屏幕的画面，作用是强调教学细节和重点。灵活地将不同景别进行组合，有利于教学情境演示的细化。

（3）声音作为影视艺术中重要的听觉元素之一，具有展现人物形象、交代环境、增强戏剧性和渲染气氛等功能。声音一般包括人声、音乐和音效等。微课中的听觉元素以教师的讲解声为主，音乐和音效元素出现的频率较低，但这并不能否定它们对于渲染情境的重要作用。灵活地使用背景音乐，可以营造多元的氛围，为学习者提供身临其境的情感体验。另外,根据视频画面中的视觉元素,配上合适逼真的音效,也可让学习者产生如闻其声、如临其境的艺术效果。

二、教学标准评价

(一)教学内容完整

微课主题明确,是由若干独立且相互关联的知识点组成的完整知识框架,虽短小但体系完整。

从内部逻辑来看,教学内容应符合教学大纲的要求,具有科学性和系统性,反映教学重点、难点和易错点。从外在表现来看,微课本身具有完整性,包含课程名称、片头、内容、片尾、字幕或画外音等完整的媒体形式,以及讲义、课件、习题、测验、作业和拓展资源等其他教学辅助资源。

在选择微课内容时,一般以知识点为单位,按照知识点的逻辑关系合理地组织编排内容,不宜把知识点过分分解,过分"碎片化"。微课分解的"粒度"大小,包括时间长短的安排和学习目标层次的确定,应以每次学习都能够完成一个知识点或一个基本问题的完整学习过程为标准。微课并不意味着课程内容的绝对微小,"粒度"过分微小将无法实现互动,无法完成高阶学习目标,也会影响开展其他的学习支持服务。

(二)符合学习者的认知水平

根据皮亚杰的认知发展理论,不同年龄段的儿童具有不同的认知能力。因此,在设计微课程的过程中,需要综合考虑不同年龄段学生所在的年级,以及该阶段学生的认知特点和能力水平。

学生的认知水平包括既有的知识结构和经验积累,以及在学习活动过程中表现出来的认知、情感、意志和行动等心理过程和个性特征。教师在设计微课时,应充分考虑学生的认知水平与基础,遵循"以学为主"原则,要难易适中、深入浅出,适用于相应认知水平的学生,针对不同基础学生的情况,可以设计成阶梯式、不同深度的知识点,以满足学生的不同需求。除此之外,还要注重对学生个性心理特征的培养,提高学生的学习信心和兴趣,创造良好的学习情境。

(三)表现教师的教学艺术和教学风格

一位优秀的教师既是教育家,又是艺术家,具有自己独特的教学艺术和教学风格,会精心创作每一节课,精心设计每一个知识点。

1. 教学艺术

德国教育家第斯多惠(Diesterweg)认为,"教学艺术不在于传授本领,而在于激励、唤醒和鼓舞。"语言是教师传授知识、传递信息的主要载体,苏联教育家苏霍姆林斯基(Suhomlinski)

曾说过:"教师的语言修养在极大程度上决定着学生在课堂上的脑力劳动的效率。"一节好的微课教学,由于没有面授教学中直接的师生交流,更需要教师的语言艺术和教学魅力,才能吸引学生跟随教师设计的学习进程持续学习。教学语言需要做到:① 语速恰当,语音起伏;② 清晰准确,通俗易懂;③ 生动活泼,简明扼要;④ 抑扬顿挫,和谐悦耳;⑤ 富于逻辑,深入浅出。

教师仪表得当,严守职业规范,能展现良好的教学风貌和个人魅力。微课教学应有创意,应充分融合信息技术,表现教师的教学技能。知识讲解中,更多地用"你"来制造一对一的氛围,让学生产生有教师专门在给自己"讲述"的亲切感受。

2. 教学风格

著名法国艺术大师罗丹说:"在艺术中,有风格的作品才是美的。"教师因性格、气质、能力和情绪等个性特征的差异,在教学的语速、语音、肢体仪态、教学节奏等方面都会表现出差异性,并由此形成不同的教学风格。

教学风格会对学生产生潜移默化的作用,具有不同风格的教师,会培养出不同的学生。研究表明,诙谐幽默的教学风格,会给学生留下深刻、良好的印象,更容易得到学生的认可。

三、学习效果评价

微课教学平台是开展微课教学的重要条件。教师与学生只有通过教学平台,才能实现微课资源的共享与互动交流。互动、情境化的网络教学平台,为学生提供了丰富的学习资源和多样化的学习方式,学习效果既涉及个人学习的发展,又关系到个人与群体间的相互促进与提高。

在微课教学中,应重视过程性评价,不单纯以作业、考试的方式评价学生的学习效果,而应注重对学生学习方法、学习能力的培养。教师可以通过微课教学平台收集学生的学习行为、学习时间、学习进度等过程信息,全过程了解学生的学习情况,分析学生的学习深度,并将评价内容和结果及时反馈给学习者,使他们及时了解自身的学习情况,以便相应地调整学习策略,这些都需要微课教学平台具有学习过程记录和及时反馈的功能。

第六章　微课获奖案例分析

本章以作者及其团队指导的学生在中国计算机设计大赛（安徽省赛）中的微课获奖作品为案例，分析几种常见形式的微课作品设计思路。

第一节　拍摄型微课案例分析

《电视视听语言——景别的变化》的微课设计脚本见表5.1所示。

表5.1　《电视视听语言——景别的变化》微课设计脚本

微课标题	电视视听语言——景别的变化		内容来源		电视编导
适用对象	数字媒体应用技术专业大二学生		微课时长		6分36秒
学习目标	1. 掌握电视视听语言中景别的基本概念和分类 2. 了解电视视听语言中景别的特点，分析各种景别的不同 3. 熟悉和掌握各种景别的拍摄技巧				
学习重点	景别的分类及应用				
学习难点	各种景别的拍摄技巧				
学习用途	☑课前预习　　□新课导入　　☑新知学习 □习题检测　　□小结巩固　　□课后拓展				
制作方式	☑拍摄型　　□录屏型　　□动画型　　□交互型				
内容设计					
结构	内容		界面设计		时长
1.片头	片头文字： 　　欢迎大家来到微课堂；电视视听语言——景别的变化		欢迎大家来到微课堂		12秒

续表

结构	内容	界面设计	时长
		电视视听语言——景别的变化	
2.正文	导入： 教师出镜指导拍摄的实景；教师出镜介绍本节课主题		28秒
	讲授： 内容1 给出一张实景拍摄图做引导，引出景别的大致分类，即远景、全景、近景、中景、特写		10秒
	内容2 教师出镜，引出远景的介绍		7秒

续表

结构	内容	界面设计	时长
	内容3 结合实景拍摄,介绍远景,强调拍摄者与对象的空间关系。用来介绍环境、抒情的大多为空镜头		22秒
	内容4 教师出镜,引出全景的介绍		14秒

续表

结构	内容	界面设计	时长
	内容5 　　结合实景拍摄,介绍全景,强调全景用来介绍环境,表现气氛,展示大幅度的动作,刻画人物和环境的联系		15秒
	内容6 　　教师出镜,引出中景的介绍		14秒
	内容7 　　结合实景拍摄,介绍中景,强调中景使观众既能看到环境,又能看到人物的活动和人物之间的交流		31秒

续表

结构	内容	界面设计	时长
	内容8 　　教师出镜,引出近景的介绍		4秒
	内容9 　　结合实景拍摄,介绍近景,强调近景能够让人物和观众产生交流感,是刻画人物性格最有力的景别		33秒
	内容10 　　教师出镜,引出特写的介绍		9秒

续表

结构	内容	界面设计	时长
	内容11 　　结合实景拍摄（人物和景物），介绍特写，强调特写在屏幕上可以制造出强烈和清晰的视觉形象，起到突出和强调的作用		24秒
	内容12 　　教师出镜，引出对影视作品的景别分析		9秒
	内容13 　　结合影视作品《千里走单骑》的视频片段，分析景别的应用		1分58秒

第六章　微课获奖案例分析

续表

结构	内容	界面设计	时长
		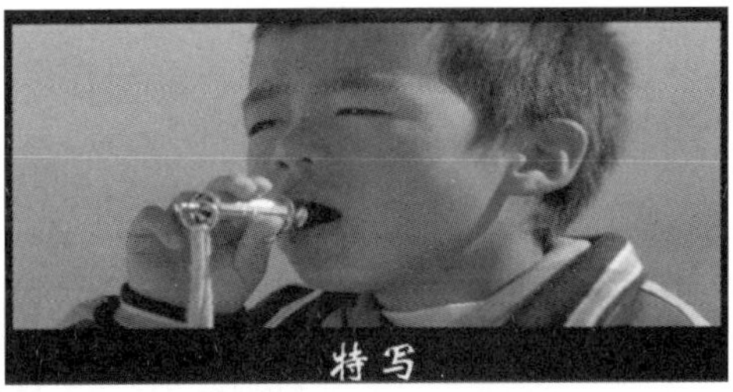   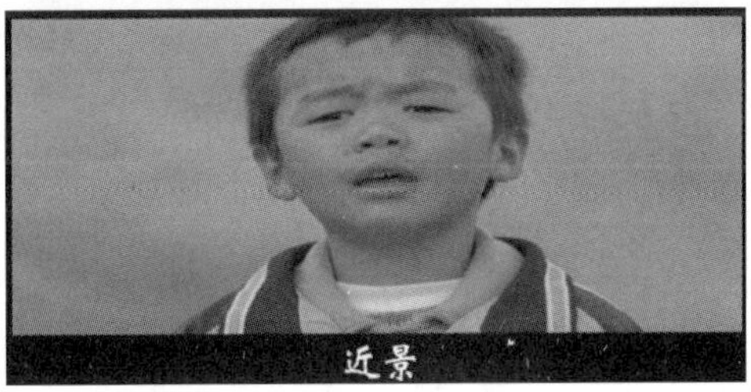 特写 远景 全景 近景	
	小结： 　教师出镜，总结知识点		17秒

— 125 —

续表

结构	内容	界面设计	时长
	作业： 　　屏幕展示作业	一、可以说出各个景别的区别 二、课后借助摄影摄像器材自己去感受具体的拍摄技朽	13秒
3.片尾	教师出镜，引出课程结束； 展现结束画面		16秒

该微课选取了"电视编导"课程中的核心内容之一"景别"，结全拍摄法以及通俗易懂的实例进行了系统的讲解、示范与分析。

微课选题精巧，发挥微课教学"微时间""微主题"的特点，能够合理地在微时间内解决教学的重点、难点问题，使学生充分地掌握景别的概念及应用场合。

在教学设计方面，该微课设计详略得当、层次感清晰、逻辑性较强。在导入环节，直接用教师出镜指导拍摄实景的画面，情境化地引出本节课主题。紧接着，用一张实景拍摄图做引导，自然地引出本节课的内容，即景别的分类。在讲授环节，通过户外实景拍摄法，对景别进行了逐个介绍，结构清晰合理，符合学生的认知习惯。接着，选择有代表性的景别短视频，应用景别知识进行分析，实现知识升华。最后，教师总结并布置任务。

该微课选择了外景拍摄法，实现了理论与实践一体化教学。通过教师的精彩讲解以及学生的现场模拟，实现了微课教学"教、学、做"一体。该微课选题具有较高的现实性和操作性，教学采用了阶梯式、递进式的推进方式，符合认知规律，方便学生独立学习。

在微课制作方面，视频画面清晰、色彩丰富，不同画面的准确衔接都能够给学习者以舒适的体验。在音质方面，教师声音清晰、富有感染力。在场景的选择方面，不同环境要做到合理取景；在场景的切换方面，该微课能够把握焦距的准确调节，做到了重点突出。该微课制作形式对制作者要求较高，制作者需要有一定的拍摄与视频剪辑技术。

第二节　录屏型微课案例分析

《计算机应用基础——Word中文档的排版》为中国计算机设计大赛（安徽省赛）一等奖作品，其微课设计脚本如表5.2所示。

表5.2　《计算机应用基础——Word中文档的排版》微课设计脚本

微课标题	计算机应用基础——Word中文档的排版	内容来源	计算机应用基础
适用对象	大一学生	微课时长	6分38秒
学习目标	1. 熟练掌握Word中文字的格式化 2. 熟练掌握Word中段落的格式化 3. 掌握图文混排的技巧		
学习重点	Word中文字和段落的格式化		
学习难点	图文混排的技巧		
学习用途	☑课前预习　　□新课导入　　☑新知学习 □习题检测　　□小结巩固　　□课后拓展		
制作方式	□拍摄型　　☑录屏型　　□动画型　　□交互型		
内容设计			
结构	内容	界面设计	时长
1. 片头	片头文字： 　　计算机应用基础——Word中文档的排版	计算机应用基础 ——Word中文档的排版	14秒
2. 正文	导入： 　　录屏结合教师出镜，导入本节课主题	爱美之心，人皆有之，Word文档也是如此。 一个美观大方的Word文档能给人留下深刻的印象。	18秒

续表

结构	内容	界面设计	时长
	讲授： 内容1 　　教师出镜，展示教学目标	教学目标： 掌握Word文档的基本操作	8秒
	内容2 　　教师出镜，展示课程内容	教学内容： ➢ 文字的设置 ➢ 段落的设置 ➢ 图文混排的基本操作	8秒
	内容3 　　展示文字格式化处理方法	文字的设置 字体　字号　颜色 一、改变字体 方法1："开始"选项卡→"字体"工具栏→选择字体 方法2："格式"→"字体"→"中（英）文字体"→选择字体 二、改变字号 方法1："开始"选项卡→"字体"工具栏→设置字号 方法2："格式"→"字体"→设置字号 三、改变字体颜色 方法1："开始"选项卡→"字体"工具栏→设置字体颜色 方法2："格式"→"字体"→设置字体颜色	35秒
	内容4 　　结合案例，展示文字格式化操作步骤		28秒

续表

结构	内容	界面设计	时长
	内容5 展示段落格式化处理方法	段落的设置 缩进　　间距 一、改变段落的对齐方式 "段落"工具栏或右击"段落",选择对齐方式 对齐方式包括:两端对齐、居中、右对齐、分散对齐和左对齐 二、改变段落的缩进方式 "段落"工具栏或右击"段落",选择缩进方式 "首行缩进"标志:只控制段落第一行的起始位置 "悬挂缩进"标志:控制段落除第一行以外其他各行的起始位置 "左缩进"标志:控制整个段落左端的缩进位置 "右缩进"标志:控制整个段落右端的缩进位置 三、设置段内行距 "段落"工具栏或右击"段落",选择行距 行距格式分:单倍行距、1.5倍行距、2倍行距、多倍行距、最小值、固定值 四、设置段间距 "段落"工具栏或右击"段落",选择间距 间距格式分:段前和段后间距	41秒
	内容6 结合案例,展示段落格式化操作步骤		1分12秒
	内容7 展示图文混排的方法	图文混排的基本操作 图片与文字的位置关系　　艺术字的设置	34秒

续表

结构	内容	界面设计	时长
		一、插入图片 "插入"→"图片"→选择图片 二、设置文字环绕方式 "图片工具"→"格式"→"排列"→"位置",设置文字环绕方式 分为:四周型、紧密型、穿越型、上下型、衬于文字下方、浮于文字上方、嵌入型等 三、艺术字 "插入"→"文本"→"艺术字",也可对普通文本进行编辑添加艺术字效果	
	内容8 　　结合案例,展示图文混排的操作步骤		1分59秒
	小结: 　　教师出镜,总结知识点及展示案例成品效果图		13秒

续表

结构	内容	界面设计	时长
	作业： 屏幕展示作业	课后任务： 1.课后熟练掌握Word的基本操作。 2.网上查找素材，做一个自己喜欢的图片与文字版式。	4秒
3.片尾	教师出镜，引出课程结束； 展现结束画面	谢谢	4秒

  该微课选取自"计算机应用基础"课程中的"Word中文档的排版"，围绕文档排版，通过层层递进方式对知识进行讲授分析，并结合案例进行演示，通俗易懂，符合大一学生的认知特点。

  在教学设计方面，首先，该微课选题明确，具有较强的可操作性。其次，教学采用了"递进式"的推进方式，符合学生的认知特点，方便学生独立学习。再次，该微课教学采用讲授法和演示法相结合的方法，通过案例示范，能够直观、快速、准确地向学生展示本微课的知识点及重难点，易于学生接受和学习。

  在微视频制作方面，该微课以录屏式为主，能够较充分地展现操作类课程的内容本身。为了丰富视频的表现形式，增进学生与微课的融入度，在理论知识讲解中，视频采用了"画中画"式的教师出镜方式。另外，在微课讲解过程中，配以清新的背景音乐，给人以清耳悦心的感觉，体现出微课后期制作的精心和细致。

第三节　动画型微课案例分析

《数据库——表与表之间的联系》为中国计算机设计大赛(安徽省赛)一等奖作品,其微课设计脚本如表5.3所示。

表5.3 《数据库——表与表之间的联系》微课设计脚本

微课标题	数据库课堂	内容来源	数据库技术及应用
适用对象	计算机专业大二学生	微课时长	5分7秒
学习目标	1. 理解数据库中表与表的联系原理 2. 掌握数据库中表的添加		
学习重点	数据库中表与表的联系原理		
学习难点	数据库中表的添加		
学习用途	☑课前预习　　☑新课导入　　☑新知学习 ☐习题检测　　☐小结巩固　　☐课后拓展		
制作方式	☐拍摄型　　☐录屏型　　☑动画型　　☐交互型		
内容设计			

结构	内容	界面设计	时长
1.片头	片头动画及文字,展示主题: 数据库课堂		9秒

续表

结构	内容	界面设计	时长
2.正文	讲授： 内容1 　　卡通教师引出教师、课程和学生的关系		38秒
	内容2 　　动画展示教师表、课程表和学生表的关系		17秒
	内容3 　　动画模拟老师和学生在学校门口一同进入学校，老师去教师报到处报到，并且选教"数据库"这门课；学生到学生报到处报到，并且选学"数据库"这门课。最后，在指定的教室里，老师给学生上课		88秒

续表

结构	内容	界面设计	时长

续表

结构	内容	界面设计	时长
	内容4 　　动画展示教师表和学生表是通过课程表里的某一条件才将学生表,教师表和课程表联系起来的,引出"外键"的概念和作用		12秒
	内容5 　　卡通教师出镜,引出下一个内容		6秒
	内容6 　　在SQL客户端中操作数据库,说明"表与表"之间是通过外键联系的		2分12秒
3.片尾	字幕配合语音,展现结束画面		5秒

　　该微课选取自"数据库技术及应用"中的"表的操作"。"表"的概念一直被学生认为是较难理解的。该微课通过生动形象的动画形式,将抽象的概念形象化、具体化,有效地帮助学生理解晦涩难懂的概念及原理。该微课既可作为学生课前预习的好帮手,也可作为课堂上教师新课导入的好资源。

在教学设计方面,该微课分为两部分,前半部分以教师、学生和课程三者间的关系做形象比喻,引导学生理解表与表的联系;后半部分通过录屏的方式,示范演示数据库中表的添加过程。通过动画展示,引发学生思考,理论与实践有效地融合于一体。

在微视频制作方面,该微课以情境动画为主,化静为动、引人入胜,可以对人的视觉、听觉甚至心理触觉产生全方位的刺激,有助于引导学生去联想、发现,多角度地激发学生的学习兴趣,使课堂焕发活力。此类动画型微课的制作过程比较复杂,难度也较高,制作者需要熟悉一些类似Flash的专业动画编辑软件。

第四节 交互型微课案例分析

"电解水实验"为中国计算机设计大赛(安徽省赛)三等奖作品,其微课设计脚本如表5.4所示。

表5.4 "电解水实验"微课设计脚本

微课标题	电解水实验		内容来源	化学
适用对象	初三学生		微课时长	2893帧(帧频27)
学习目标	1. 掌握水的化学性质、电解水的实验原理和基本的实验操作 2. 了解电解水的实验操作过程和现象,并尝试分析实验结果 3. 理解水的组成部分及其比例			
学习重点	由电解水实验推测出水的组成			
学习难点	电解水的具体实验过程			
学习用途	☑课前预习　　□新课导入　　☑新知学习 ☑习题检测　　□小结巩固　　□课后拓展			
制作方式	□拍摄型　　□录屏型　　☑动画型　　☑交互型			
内容设计				
结构	内容		界面设计	时长
1.片头	片头动画及文字,展示主题: 电解水实验		解水实验 ENTER	165帧

续表

结构	内容	界面设计	时长
2.正文	讲授： 内容1 　　用仪器设备和文字动画展示微课目录	实验装置　实验现象　验证气体 注意事项 实验介绍　课后练习　NEXT	36帧
	内容2 　　实验介绍页面	**实验介绍** 电解水实验是一个制取氢气和氧气的实验。 中文名称：电解水实验 电源：通常为12V的直流电源 文字表达式：水（通直流电）→氢气 + 氧气 装置：水槽、试管、直流电	323帧
	内容3 　　动画及语音介绍实验装置页面，包含电池、导线、电极、水槽、试管等	**实验装置**	410帧
	内容4 　　动画及语音介绍实验现象：通电后电极产生大量气泡，两个试管中都有气泡产生，并看到水面下降，左边试管中产生的气体体积是右边试管中产生气体体积的两倍	**实验现象**	410帧

续表

结构	内容	界面设计	时长
	内容5 动画及语音介绍气体验证：用带有火星的木条检验氧气，若复燃则证明为氧气；用火柴去点燃氢气，看到蓝色火焰，并有水滴产生，则证明为氢气	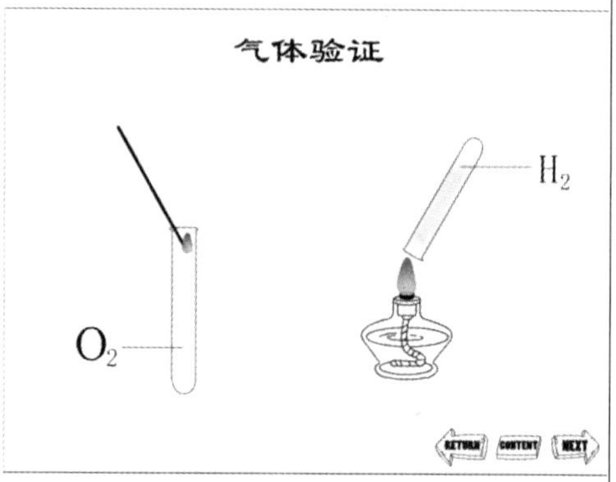气体验证 H_2 O_2 RETURN CONTENT NEXT	640帧
	内容6 文字动画展示注意事项	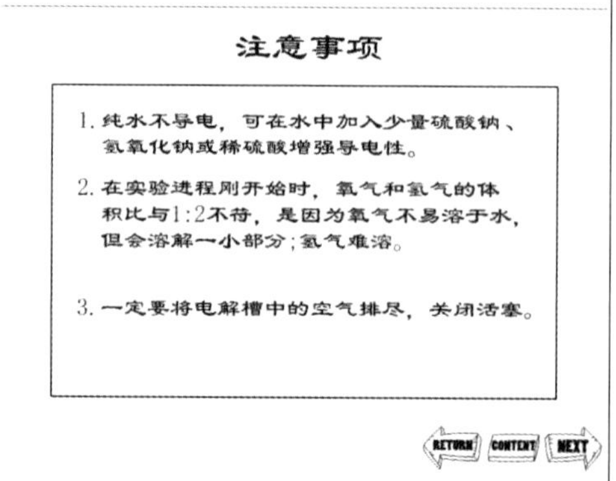注意事项 1. 纯水不导电，可在水中加入少量硫酸钠、氢氧化钠或稀硫酸增强导电性。 2. 在实验进程刚开始时，氧气和氢气的体积比与1:2不符，是因为氧气不易溶于水，但会溶解一小部分；氢气难溶。 3. 一定要将电解槽中的空气排尽，关闭活塞。 RETURN CONTENT NEXT	450帧
	内容7 展示交互型练习	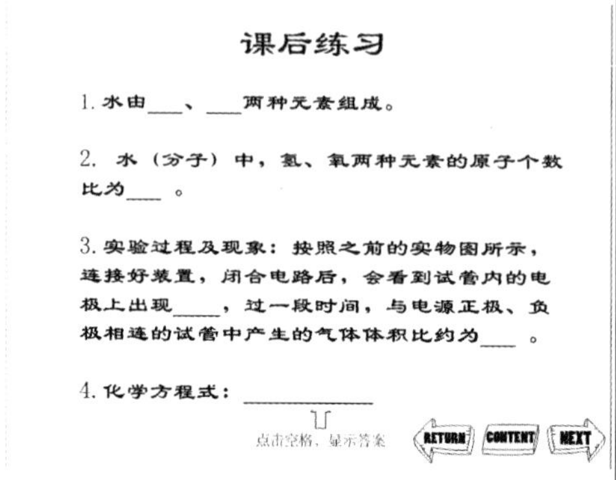课后练习 1. 水由___、___两种元素组成。 2. 水（分子）中，氢、氧两种元素的原子个数比为___。 3. 实验过程及现象：按照之前的实物图所示，连接好装置，闭合电路后，会看到试管内的电极上出现____，过一段时间，与电源正极、负极相连的试管中产生的气体体积比约为___。 4. 化学方程式： 点击空格，显示答案 RETURN CONTENT NEXT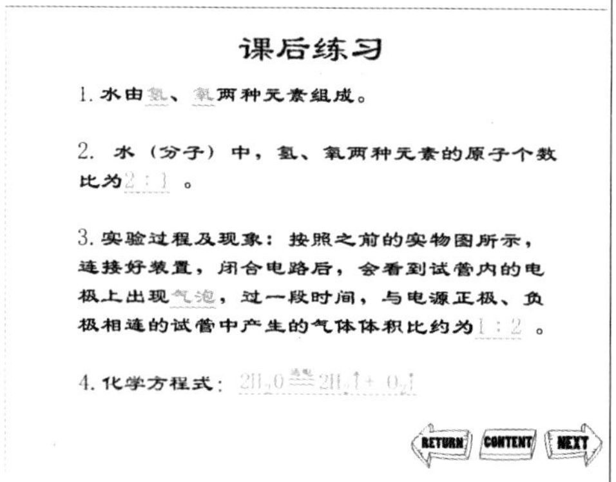课后练习 1. 水由氢、氧两种元素组成。 2. 水（分子）中，氢、氧两种元素的原子个数比为2:1。 3. 实验过程及现象：按照之前的实物图所示，连接好装置，闭合电路后，会看到试管内的电极上出现气泡，过一段时间，与电源正极、负极相连的试管中产生的气体体积比约为1:2。 4. 化学方程式：$2H_2O \xlongequal{通电} 2H_2\uparrow + O_2\uparrow$ RETURN CONTENT NEXT	409帧

续表

结构	内容	界面设计	时长
		以下判断中正确的有： ① 水由氢、氧两种元素组成 ② 水中氢、氧元素的质量比为1∶8 ③ 一个水分子是由两个氢原子和一个氧原子构成的 ④ 在化学反应里，分子可以再分，而原子不能再分 A. ①② B. ③④ C. ②③ D. ①②③④ 以下判断中正确的有： ① 水由氢、氧两种元素组成 ② 水中氢、氧元素的质量比为1∶8 ③ 一个水分子是由两个氢原子和一个氧原子构成的 ④ 在化学反应里，分子可以再分，而原子不能再分 A. ①② ✓ B. ③④ C. ②③ D. ①②③④ （A，③只能说明氢元素和氧元素数量比为2∶1；④这个结论就是错的） 如下图A是电解水的简易装置，B为电解水生成气体体积与时间的关系图。试回答下列问题。若甲管生成气体A，乙管生成气体B。 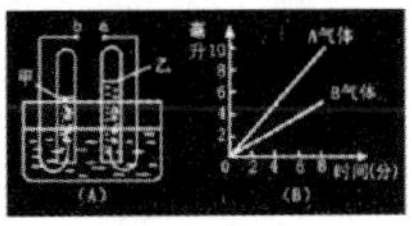 (1) 试在图中标出电源的正负极a、b。 (2) 气体B可以用点燃的火柴检验，有什么现象？说明气体B有什么性质？ (3) 可用什么方法收集氢气和氧气，这是利用了它的什么性质？ (4) 在3分钟和6分钟时，甲、乙两管内排除水的体积比各为多少？ 所考知识点：电解水实验，坐标系。 答案：(1) a为电源正极，b为电源负极。 (2) 现象为火柴燃烧得更旺；说明B具有助燃性。 (3) 可用排水法；利用了它们不易溶于水的性质。 (4) 分别为2∶1；2∶1。 点拨：电解水实验中用的为直流电源，由图B知与b相连气体体积大，故应为H_2，故b为电源负极，a为电源正极。(4) 间中无论何时刻，1∶2正负，总成立。	

续表

结构	内容	界面设计	时长
		如下图，甲、乙两图都是电解水的简易装置。回答下列问题。 (1) 装置甲比装置乙有一个明显的优点，这个优点是_____ (2) 装置乙比装置甲有一个明显的优点，这个优点是_____ (3) 在水中加入少量硫酸或氢氧化钠的目的是_____ (4) 图中显示表明，实验是未开始，还是已进行一段时间了？ (5) 开始电解后，A管收集到_____气，B管收集到_____气体。 (6) 在D处，应使用燃着的木条还是带火星的木条进行检验？ 答案解析 参考答案： (1) 甲的装置简单 (2) 乙装置检验产物方便 (3) 增强水的导电性 (4) 已进行一段时间 (5) 氧气；氢气 (6) 用燃着的木条 点拨：要正确解答这些问题，关键是要看清甲、乙两图，找出它们在装置上有哪些区别，并比较其优点。 比较两图可知，甲装置比乙装置简单，但乙装置多了检验产物的尖嘴管。从甲、乙两图可看出，A、B、C、D四管都有一段气体，说明已电解一段时间了。又根据"正氧负氢"电解水的结论，知道A、C管中是氧气，B、D管中是氢气。	
3.片尾	字幕配合语音，展现结束画面	再 见	50帧

该微课选取自初三"化学"课中的"水的组成"，用交互型微课，向学生展现了水的组成及电解水实验原理。该微课既可用于学生课前预习，也可用于课中教师讲授，还可以用于学生课后复习及测验。

在教学设计方面，学生既可以在程序的引导下，一步步地按照实验步骤操作虚拟实验器材去学习，也可以根据自己的学习情况，有针对性地、非线性地选择观看。另外，交互习题模块也方便学生进行自我学习情况测评。

在微视频制作方面，交互性和动画模拟性是该微课的重要特征。清晰的导航既方便学生线性学习，也方便学生非线性的个性化学习，体验性良好。另外，实验过程采用动画模拟来替代真实实验，学生能更加直观形象地理解实验原理。

参 考 文 献

[1] 谈宜彦. 领导要论[M]. 北京:红旗出版社,2009.

[2] 桑青松. 学习心理研究[M]. 合肥:安徽人民出版社,2010.

[3] 周详,潘慧. 教育心理学[M]. 天津:南开大学出版社,2014.

[4] 李本友,吕维智. 微课的理论与制作技巧[M]. 北京:中国轻工业出版社,2015.

[5] 马红亮,袁莉. 人人都能上名校 开放世界中的教与学[M]. 北京:北京交通大学出版社,2015.

[6] 杨梅玲,毕晓白. 大学课堂教学设计[M]. 北京:清华大学出版社,2015.

[7] 章玳. 开放教育课程与教学支持研究[M]. 南京:南京大学出版社,2015.

[8] 周毅,梁臣凤. 盲聋学校微课教学实用教程[M]. 南宁:广西人民出版社,2015.

[9] 黄发国,张福涛,张福涛,等. 翻转课堂研究与实践翻转课100问[M]. 济南:山东友谊出版社,2016.

[10] 欧阳芬,徐斌辉. 微课程的设计原理、制作与评价[M]. 北京:开明出版社,2016.

[11] 水淼,昂娟. 互联网信息编辑实务[M]. 合肥:安徽科学技术出版社,2016.

[12] 孙杰远,温雪. 微课的原理与技术[M]. 北京:中国轻工业出版社,2016.

[13] 唐瓷,周鑫燚,王佳家. 信息化教学设计理论与实践[M]. 北京:科学出版社,2016.

[14] 吴高臣. 大学教学创新研究[M]. 北京:首都师范大学出版社,2016.

[15] 张一春. 精品微课设计与开发[M]. 北京:高等教育出版社,2016.

[16] 邬厚民. 微课资源的建设与应用[M]. 长春:东北师范大学出版社,2017.

[17] 伍丽媛. 微课程的设计理论及应用[M]. 成都:四川大学出版社,2017.

[18] 于化龙,沈婷婷,郝雨. 微课实战 Camtasia Studio 入门精要[M]. 北京:人民邮电出版社,2017.

[19] 方其桂. 微课 慕课设计、制作与应用实例教程[M]. 北京:清华大学出版社,2018.

[20] 缪亮,范立京. 让课堂更精彩! 精通PPT课件设计与制作[M]. 2版. 北京:清华大学出版社,2018.

[21] 顾小清,顾巧佳. 微型学习策略:设计移动学习[J]. 中国电化教育,2008(3):17—21.

[22] 胡铁生. "微课":区域教育信息资源发展的新趋势[J]. 电化教育研究,2011(10):61—65.

[23] 陈肖庚,王顶明. MOOC的发展历程与主要特征分析[J]. 现代教育技术,2013,23

(11):5-10.

[24] 黄建军,郭绍青.论微课程的设计与开发[J].现代教育技术,2013,23(5):31-35.

[25] 焦建利.微课及其应用与影响[J].中小学信息技术教育,2013(4):13-14.

[26] 黎加厚.微课的含义与发展[J].中小学信息技术教育,2013(4):10-12.

[27] 王萍.大规模在线开放课程的新发展与应用:从cMOOC到xMOOC[J].现代远程教育研究,2013(3):13-19.

[28] 张一川,钱扬义.国内外"微课"资源建设与应用进展[J].远程教育杂志,2013(6):26-33.

[29] 梁乐明,曹俏俏,张宝辉.微课程设计模式研究:基于国内外微课程的对比分析[J].开放教育研究,2013,19(1):67-75.

[30] 昂娟,俞欣,水淼.基于翻转课堂的微课设计策略探析[J].重庆科技学院学报,2014(12):161-163.

[31] 胡铁生.微课的内涵理解与教学设计方法[J].广东教育,2014(4):33-35.

[32] 孟祥增,刘瑞梅,王广新.微课设计与制作的理论与实践[J].远程教育杂志,2014,32(6):95-96.

[33] 杨明.高职教育微课开发综合讨论[J].职教论坛,2014(6):65-70.

[34] 余胜泉,陈敏.基于学习元平台的微课设计[J].开放教育研究,2014(1):100-110.

[35] 郑小军,张霞.中职教师信息化教学能力的提升策略[J].教育评论,2014(1):63-65.

[36] 冯锐.职业教育的微课设计与教学创新[J].江苏教育,2015(40):13-16.

[37] 尹合栋.微课程的设计、开发与评价[J].现代教育技术,2015,25(1):46-52.

[38] 张一春.挑战传统教学、引领教学创新:谈微课的内涵意义与建设应用[J].江苏教育,2015(10):9-12.

[39] 周丙锋,谢新水,刘星期.高校微课中的教学要素及教学效果评价[J].现代教育技术,2015,25(9):30-36.

[40] 蒋立兵,陈佑清.面向深度学习的微课设计模型构建与应用[J].现代远距离教育,2016(3):34-40.

[41] 张春霞.基于自媒体平台的"微课+对分课堂"调查研究[J].中国成人教育,2017(5):55-58.